L'avant-scène théâtre

BIMENSUEL - 1ER OCTOBRE 2004 - N° 1169 - 11 EUROS

Traits d'union

de Murielle Magellan

Mise en scène de Bernard Murat

UN JEUNE POÈTE, David Karrer, est mis en relation avec deux auteurs de renom, Philippe Rochant et Marthe Dorval, grâce à leur jolie et bienveillante secrétaire, Christine. Chacun, de son côté, a le désir de « faire quelque chose pour lui... ».

Doit-on toujours faire confiance à ceux qui veulent faire votre bonheur ?

L'avant-scène théâtre

6, rue Gît-le-Cœur
75006 PARIS
Tél. : 01 46 34 28 20
Fax : 01 43 54 50 14
ASTHEATRE@aol.com
Rédaction : 01 53 63 88 73

Affiche : Thérèse Troïka
Photo de couverture : © Pascal Maine
Impression : Imprimerie des Deux-Ponts - Eybens
Commission paritaire 58693
ISSN 0045 1169 - ISBN 2-900130-81-6
Dépôt légal : septembre 2004

Cet ouvrage a été réalisé grâce au concours de la SACD.

SACD
Société des auteurs et compositeurs dramatiques
PARIS/BRUXELLES/MONTRÉAL

Unir ce qui est séparé

NOUS AVANÇONS SOUVENT EN AVEUGLES dans la vie. Ainsi avons-nous souvent la révélation de nos sentiments au moment où intervient un rival. Ainsi, reconnaissons-nous le bonheur « au bruit qu'il fait en partant ». Murielle Magellan excelle à peindre cette rupture qui nous révèle à nous-mêmes, ces instants où les voiles se déchirent et où s'échangent les aveux attendus[1]. Et, comme elle cultive une délicate veine comique, sa nouvelle pièce nous permet de rire des contradictions qui composent notre nature.

Marthe et Philippe se sont aimés. Ils se sont quittés, mais chacun a suivi l'évolution de la carrière de l'autre. Mieux, chacun a continué d'admirer l'autre, et si elle a su l'éviter depuis dix ans, lui, au contraire, a tout tenté pour la rencontrer « par hasard », fréquentant même les gens et les lieux qu'il abhorrait. Oubliant ce qu'il déteste, l'homme amoureux se souvient seulement de ce qui pourrait le mettre en présence de celle qu'il a perdue. Il n'a plus qu'un souci : provoquer les situations, maîtriser le temps, bousculer le destin.

Elle, s'étonne de la « pérennité de certains sentiments », mais étudie en sociologue les couples qui, après avoir divorcé, se remarient. Il prétend se moquer de « l'opinion publique », mais explose de colère montrant ainsi plus d'amour-propre que d'amour.

En miroir de ces amours retrouvées, Murielle Magellan pose des amours naissantes, celles qui hésitent devant l'inconnu, et commencent par refuser l'évidence. Aux déclarations péremptoires de Philippe font écho les affirmations de David, et aux incertitudes émues de Marthe répondent les rebuffades de Christine.

Rassurez-vous, tout se termine dans une « union » consentie, de part et d'autre, et les « traits » du même nom ne sont pas ceux que décochent des esprits désabusés. Ils unissent ce qui était séparé : les mots et les hommes.

Cette jolie comédie permet aussi à un jeune auteur, Murielle Magellan, de faire son entrée dans un théâtre parisien réputé et le choix de Bernard Murat confirme un remarquable talent.

Danielle DUMAS

1. *Pierre et Papillon* est édité à l'Avant-Scène théâtre, collection des Quatre-Vents.

Le Théâtre des Mathurins
Direction Jean-Louis Livi et Bernard Murat
présente

Traits d'union

de Murielle Magellan
Mise en scène de Bernard Murat

assisté de Léa Moussy

avec

Marthe Dorval	**Caroline Silhol**
Philippe Rochant	**François Marthouret**
David Karrer	**Stéphane Hillel**
Christine	**Charlotte Kady**

Décor	Nicolas Sire
Musique	Marco Prince
Lumières	Laurent Castaingt
Costumes	Carine Sarfati

Création le 17 septembre 2004 au Théâtre des Mathurins.

Relations presse : Moteur - Tony Krantz / Dominique Larmoyer

La musique est éditée aux éditions Lola sous la lune.

Les photographies de répétition sont de Pascal Maine.

“ **Rochant :** [...] l'auteur qui cherche à se faire éditer, le peintre qui cherche à être exposé, ne sont déjà plus des auteurs ou des peintres, ce sont des commerçants. ”

François Marthouret et Charlotte Kady.

DAVID (Stéphane Hillel) **:** Tu la vois venir ma scène érotique ?

MARTHE DORVAL (Caroline Silhol) **:**
L'amour qui prend sa revanche sur la lassitude, c'est excitant, non ? C'est tellement improbable !

Rochant (François Marthouret) **:** [...] Oui, parce que j'adorais penser avec toi, modifier ton point de vue, le sentir frémir à mon contact, comme ton corps sous mes caresses. L'autonomie de ta pensée me ramène à ma solitude...

Rochant : Je suis sonné, je suis malheureux, je suis perdu comme un gamin, Christine. J'ai l'impression que je n'ai rien vécu... que toutes ces années derrière moi ne m'ont servi à rien. J'ai vécu pour ne rien comprendre. Rien.

Rochant : Il faut vous bagarrer. Il faut repartir au front… Si vous tenez à … à être édité bien sûr. Car on peut très bien être écrivain sans être édité !

À mes parents
À Francis.

PERSONNAGES

PHILIPPE ROCHANT : À partir de 50 ans. Écrivain confirmé et reconnu. Charme, brio, séduction. N'a plus peur d'avouer ses faiblesses.

MARTHE DORVAL : À partir de 40 ans. Écrivain en cours de reconnaissance. Belle et élégante. À la fois fragile, inquiète, et forte dans le domaine de ses sentiments.

DAVID KARRER : Jeune auteur talentueux, fougueux, inquiet, prétentieux, amoureux, etc.

CHRISTINE : Secrétaire de tous ces auteurs. Serviable, attentive, discrète. Elle est le trait d'union… et de désunion.

PREMIER MOUVEMENT

Un salon privé, un peu cosy, d'un café parisien. Une table, des fauteuils, un juke-box, des miroirs... Peut-être, dans un coin, un meuble avec une roulette posée dessus.

Philippe Rochant, homme mûr plutôt séduisant, est debout. Assise à la table, devant un ordinateur portable, une jeune femme au visage doux, Christine.

ROCHANT : Relisez, s'il vous plaît...

CHRISTINE : « Le souci de la *doxa*, c'est-à-dire de l'opinion publique, est pour le créateur plus qu'un souci : c'est une obsession. Pourtant... »

ROCHANT : *(reprend la dictée)* Pourtant, on le sait, si l'œuvre a besoin d'un destinataire, elle ne doit en aucun cas être pensée pour lui. La question n'est pas « l'écrivain moins son œuvre », comme disait Barthes, ce dont tout le monde se fout puisque l'écrivain va crever et ceux qui l'ont connu aussi, mais « l'œuvre moins son public », c'est-à-dire le rayonnement de l'œuvre au-delà de l'œil qui se porte sur elle !

Par conséquent, l'auteur qui cherche à se faire éditer, le peintre qui cherche à être exposé, ne sont déjà plus des auteurs ou des peintres, ce sont des commerçants. Et parce que je sais que ce texte sera édité, je n'écrirai pas : « de vulgaires commerçants ». Point. Je vous laisse ponctuer.

Rochant sourit. Il a un brin de fierté dans l'œil.

ROCHANT : *(à sa secrétaire)* C'est pas mal, non ?

CHRISTINE : *(après une hésitation)* C'est dur, je trouve...

ROCHANT : « Dur... » Difficile ou sévère ?

CHRISTINE : Sévère.

ROCHANT : Christine, chaque fois que j'écris ce que je pense, vous me dites que c'est sévère. *(Un temps.)* Vous n'estimez pas que cette abondance de lumière sur nos métiers d'ombre fait du tort à la création ? Vous ne trouvez pas que je suis un piètre écrivain depuis que je suis un privilégié de l'audiovisuel ?

CHRISTINE : Non... Et puis il faut bien manger...

ROCHANT : *(grave)* Eh oui ! Merci, Christine, faxez les trois pages à mon éditeur et dites-lui que je peux dîner avec lui ce soir.

CHRISTINE : Bien, monsieur Rochant.

ROCHANT : Vous ne voulez définitivement pas m'appeler Philippe ? Bien. Toutes les femmes qui ont refusé de m'appeler Philippe m'ont considéré comme leur père ! Il y a là un sujet à creuser... Le prénom-le père. Père-et-nom. Prénom... Non ? *(Devant l'air sceptique de Christine.)* Bon. Ça a dû déjà être traité d'ailleurs, comme tout a déjà été traité ! Et celui qui l'a fait a perdu son temps car ça n'a aucun intérêt. Aucun. *(Il prend son manteau et son cartable.)* Merci, Christine. On se revoit lundi pour la préface de Grebot ?

CHRISTINE : Oui. Monsieur Rochant ?

ROCHANT : Ma petite Christine ?

CHRISTINE : Vous avez eu le temps de jeter un œil sur... ?

ROCHANT : *(pris en faute)* Non, non, non ! Je sais, je suis désolé, je n'ai pas eu le temps. Ne m'en veuillez pas...

CHRISTINE : Non, mais comme j'ai rendez-vous avec lui maintenant, et comme vous m'aviez dit que vous le liriez très vite... et ça fait plus d'un mois et...

ROCHANT : Je sais, je sais, mais on me passe des tas de textes de jeunes auteurs à lire, des tas ! Je ne suis pas éditeur et puis... vous savez mon sentiment...

CHRISTINE : Non, mais comme vous m'aviez dit que...

ROCHANT : Je l'ai dit, je vais le faire. Je vais lire. C'est de la poésie, c'est ça ? De la poésie !

CHRISTINE : C'est un auteur étonnant ! Il a quelque chose de très personnel et à la fois... d'universel. C'est très beau. Moi, je ne sais pas pourquoi, quand je le lis, je... je sens que c'est un grand auteur ! Il y a sans doute des faiblesses mais...

ROCHANT : Vous êtes amoureuse ?

CHRISTINE : Oui, mais pas de lui.

ROCHANT : De qui ? Du motard qui vient vous chercher régulièrement ?

CHRISTINE : Oui.

ROCHANT : Mais lui, le poète, non ?

CHRISTINE : Non. Pas du poète.

ROCHANT : Donc il a du talent. Bien. Je vais le lire. Je vous ai dit que j'allais le lire, je vais le lire. *(Rochant, avant de sortir, s'avance vers Christine et l'embrasse sur les joues. Il semble vraiment ému)* Votre passion de la littérature est belle.

Alors qu'il allait sortir, la porte s'ouvre. Un jeune homme entre. Il est un peu nerveux mais a beaucoup de charme, de lumière. Il a les yeux grands ouverts sur tout ce qui l'entoure, une curiosité gaie.

DAVID : Excusez-moi, je, je... J'arrive trop tôt. On s'était... Non ? On s'était bien dit... 14 heures...

ROCHANT : C'est moi qui pars trop tard !

DAVID : Ah non, non, mais... Pas de problème... Au contraire, c'est... Pour moi, c'est... Je suis très heureux de vous rencontrer.

CHRISTINE : *(fait les présentations)* Philippe Rochant qu'on ne présente pas. David Karrer, que vous avez promis de lire.

DAVID : Oui, non, mais... Ce n'est pas... urgent... du tout, hein !...

Sourire de Rochant.

ROCHANT : Vous écrivez de la poésie, donc ?

DAVID : Oui ! Entre autres. Je noircis beaucoup beaucoup de pages... Je suis un... vomisseur de mots... Sans doute trop ! Mais enfin c'est vrai que la poésie... En tout cas, ce que vous a donné Christine, c'est... c'est... C'est vraiment ce que j'ai envie de défendre ! La prose qui rencontre la versification, la... la parole qui rencontre le chant, c'est... Si je pouvais, comme vous... vivre en écrivant seulement ce que je pense... ce que j'aime... Je serais... aux anges... Comblé. Vraiment.

ROCHANT : Vous aimez la poésie ?

DAVID : *(après un instant de surprise, comme une évidence)* Oui.

ROCHANT : *(dévisage un instant David)* Vous aimez la poésie.

DAVID : *(qui cherche le piège)* Oui...

ROCHANT : Vous avez ce recueil sur vous, Christine ?

CHRISTINE : Oui.

ROCHANT : J'ai un peu de temps devant moi. Vous allez me donner ce recueil, je vais me poser dans un salon du café et je vais lire maintenant. Comme ça ce sera fait. Et puis j'en ai très envie.

David a un air ahuri.

ROCHANT : Vous voulez bien ?

DAVID : Non. Enfin oui ! Maintenant ? Oui. Oui bien sûr.

Christine a sorti le recueil de son sac et le donne à Rochant.

ROCHANT : Vous allez travailler un peu, c'est ça, pendant ce temps ?

CHRISTINE : Oui, oui. On a du travail.

ROCHANT : *(en sortant)* Alors à tout à l'heure. À tout à l'heure.

Rochant sort. Silence.

DAVID : *(très troublé)* Ben dis donc... Christine. Merci beaucoup, merci... Vraiment...

CHRISTINE : En plus, il voit son éditeur ce soir !

DAVID : *(encore plus ahuri)* Ah bon ? Bon... Enfin... Pas d'extase... Pas d'espoir ! Je connais la thèse de Rochant : « L'œuvre moins son public ». Revenons au travail, au travail, au travail !

CHRISTINE : *(qui est retournée à son ordinateur)* On reprend le roman de Solange Castella ou... ?

DAVID : Hein ? Oui. Le roman de Solange Castella. D'ailleurs, elle m'a fait dire qu'elle voulait une scène assez... érotique dans son roman. Elle a défendu ça hier auprès de son éditeur. Elle lui a annoncé qu'elle avait écrit au début du livre une magnifique scène érotique. Alors on va lui écrire une scène érotique, hein ! Tu... Tu as reçu mon e-mail avec les chapitres 4 et 5, tu les as lus ?

CHRISTINE : Oui.

DAVID : Alors ? Bien ? Ça va, hein ?

CHRISTINE : Oui. Ça va.

DAVID : Oui, hein ?

CHRISTINE : Oui. Mais je ne vois pas où tu vas pouvoir mettre une scène érotique.

DAVID : Oui, hein...

CHRISTINE : Ce n'est pas logique. Ils viennent de s'engueuler avec une extrême violence, elle a claqué la porte de chez lui, et ils ne sont plus censés se revoir avant le dernier tiers du livre.

DAVID : Dis-moi, Rochant il a bien la version corrigée du recueil ? *(Christine acquiesce.)* Bon. Alors c'est très simple. Exceptionnellement, je vais te dicter à haute voix. Tu veux bien ?

CHRISTINE : Exceptionnellement, je veux bien.

DAVID : Bon, merci. La dernière phrase c'était bien : « Inès a claqué la porte et se... dirige... »

CHRISTINE : « ... se précipite vers l'escalier. Simon entend son pas qui s'éloigne... »

ENSEMBLE : « ... comme une déchirure. »

DAVID : *(Christine tape sous la dictée)* « Il se colle à la porte. Sa joue écoute le bois lourd, son ventre épouse les ornements. Dans le silence, Simon devine le pas d'Inès qui remonte chaque marche avec une telle lenteur qu'on pourrait croire que le temps même s'est ralenti, pour leur laisser goûter l'instant... »

CHRISTINE : Ouah...

DAVID : « Derrière la porte, Simon pressent la silhouette d'Inès, collée, comme lui, de l'autre côté du bois... » *(David s'arrête. Il sourit.)* Tu la vois venir ma scène érotique ? Il est chez qui, Rochant ? C'est bien Sommet son éditeur ?

CHRISTINE : Oui. C'est Sommet.

DAVID : Gros éditeur... Tu la vois venir ou pas ma scène érotique ?

CHRISTINE : Ils vont faire une dernière fois l'amour de chaque côté de la porte.

DAVID : Tout simplement. Bon. On arrête là, je... je n'arrive pas à me... à me concentrer... Tu crois que je joue gros en ce moment ?

CHRISTINE : Je ne sais pas. C'est sûr que s'il aime, ça peut être un accélérateur.

David sourit. Il a beaucoup d'enfance encore en lui.

DAVID : Comment ça va, Christine ? Ça va ?

CHRISTINE : Oui. Bien.

DAVID : Toujours avec ton... motard ? Ça se passe bien ?...

CHRISTINE : Oui, David.

DAVID : Et au lit aussi ?

CHRISTINE : David, ce n'est pas parce que j'aime tes poèmes que...

DAVID : Mais je ne parle pas de poésie, là... Non... Pas du tout... Tu me fais de l'effet. Toujours, j'ai envie de... Bon, mais on oublie, je sais. Mais enfin, j'ai quand même envie de toi, ça c'est... c'est sûr.

Christine sourit.

DAVID : Tu vois, quand Guillaume m'a parlé de toi, de ton efficacité, de l'intérêt pour un « nègre de littérature » d'avoir une secrétaire qui s'occupe de tout, je me suis tout de suite dit, tout de suite, que je coucherais avec toi. Je ne t'avais pas vue, je ne savais rien de tes charmes, mais tout de suite je me suis dit : si je travaille comme ça avec une femme, je couche avec elle.

CHRISTINE : Eh ben non.

DAVID : Eh ben non ! Comme quoi...

CHRISTINE : Tout le monde peut se tromper.

DAVID : *(avec impatience)* Qu'est-ce qu'il fait ?... À ton avis, il en a pour longtemps ?

CHRISTINE : Ça se lit vite. Mais idéalement, ça se relit.

DAVID : Tu vois, Christine, je n'ai plus aucune intuition. À une époque, j'aurais senti qu'il allait aimer, ou détester, j'aurais pronostiqué les conséquences de cette rencontre sur ma vie... Là, rien... Je me suis planté tant de fois que je n'ai plus la moindre intuition !

CHRISTINE : Tu as du talent.

DAVID : Oui, mais ça... *(Un temps.)* Qu'est-ce qu'on fait ? Tu ne veux vraiment pas qu'on... ? Bon, bon, bon. Alors qu'est-ce qu'on fait ?

CHRISTINE : On travaille.

DAVID : Je n'y arrive pas.

CHRISTINE : On devait mettre à jour tes dernières fiches de paye, la part retraite à déclarer aux Agessa et tes factures pour la déclaration en frais réels, on peut peut-être...

DAVID : Plus tard, plus tard ! *(Avec enthousiasme.)* Tu sais que j'ai une fabuleuse idée de roman, une sorte de bavardage incessant entre deux personnages qui n'ont pas le même avis sur une toute petite chose, un détail, mais très concret, et, au fur et à mesure, on s'aperçoit qu'en parlant de cette toute petite chose, ils parlent d'eux, de leur vie, de leurs impressions sur le monde, de leurs peines... Eh bien, je n'ai pas le temps. Je n'ai pas le temps de l'écrire. Je n'ai pas même le temps de commencer à l'écrire pour voir si c'est un bon sillon à creuser... Je... J'ai besoin qu'on m'aide ! Tu sais, Christine, je gagne ma vie, hein... Mais j'ai quand même dû taxer 500 euros à mon père le mois dernier, sur sa retraite ! Dur...

CHRISTINE : Difficile.

DAVID : Tu en penses quoi de ma scène érotique ?...

CHRISTINE : Je pense que ça plaira beaucoup à Solange Castella.

DAVID : Mais toi ?

CHRISTINE : Je ne sais pas, il faut essayer.

DAVID : *(coquin)* Tu veux essayer ? Maintenant ?

CHRISTINE : Sur le papier.

DAVID : Oui, bon, enfin, on s'en fout ! Enfin, on s'en fout pas mais... Alors ? Tu travailles avec combien d'auteurs en ce moment ?

CHRISTINE : Rochant, Dorval depuis quinze jours, Kaplan occasionnellement, et toi.

DAVID : Marthe Dorval ? Celle qui a eu le prix Émile Zola ?

CHRISTINE : Oui.

DAVID : C'est bien... J'aime beaucoup, elle a... Elle est inclassable. À part. Ses raisonnements sont comme... comme une musique. J'ai jamais vu ça ailleurs. Elle est comment dans la vie ?

CHRISTINE : Elle a... comment dire... des yeux, un nez, une bouche.

DAVID : *(après un sourire)* Oui. Et puis Rochant... Exceptionnel, Rochant. Y a que Kaplan... Kaplan, bof, non ? Non ? Ils te payent au pourcentage ?

CHRISTINE : Non, il n'y a qu'avec toi que je suis au pourcentage.

DAVID : Tu ne le regretteras pas. *(Il prend la boule de la roulette et la jette dans le jeu.)* Pair.

Alors que la roue tourne, Rochant entre. David se fige. Rochant a le texte dans les mains. Il a un visage grave. David oublie complètement de regarder le résultat de la boule lancée...

ROCHANT : *(sincèrement ému)* C'est magnifique. *(Silence.)* C'est... Je n'ai pas lu de choses comme ça depuis longtemps. C'est étrange. Ça me touche comme un enfant. Votre poésie n'est pas souillée. Elle est naïve et pourtant on sent le travail, on sent la maturité. C'est... C'est très très beau, David. Vraiment.

DAVID : Ben... merci.

ROCHANT : Christine, je vous félicite. Et je vous remercie d'avoir insisté.

CHRISTINE : Je sentais que c'était très beau.

ROCHANT : Il faudra que vous me donniez davantage votre avis sur mon travail, Christine. J'espère que votre silence n'est pas un mauvais signe?

CHRISTINE : Pas du tout. Vous savez que je vous dis toujours tout. J'aime beaucoup ce que vous écrivez.

ROCHANT : *(balayant le compliment)* Mh...

CHRISTINE : Qu'est-ce qu'on peut faire pour David ?

ROCHANT : *(dans un sourire)* Il faut que ce soit édité. Tant pis. Je dîne ce soir avec Sommet, je lui passe le recueil et je lui ordonne de le lire dans les huit jours.

DAVID : Sommet, il édite de la poésie ?

ROCHANT : Oui. Surtout depuis que Le Seuil a fait un best-seller avec le recueil de Stevens. Tout le monde veut éditer de la poésie !

DAVID : Oui, je... J'y avais pensé... que... Ça tombait bien.

ROCHANT : Appelez également mon agent, Jérôme Auclair, dès ce soir. Il vous donnera un rendez-vous. Il peut vous aider, c'est un des plus grands agents de Paris. Je ne vous garantis pas qu'il va vous prendre mais...

DAVID : Oui, non, mais... déjà... le rencontrer c'est... vraiment bien.

ROCHANT : Oui. Vous avez d'autres textes derrière ?

DAVID : Ah oui oui oui... Les textes, ce n'est pas ça qui manque...

ROCHANT : Bon. Apportez-les-moi la prochaine fois. On va tout de suite reprendre rendez-vous, Christine, si vous voulez bien. Lundi ?

CHRISTINE : Bien, monsieur Rochant.

DAVID : *(à Christine)* Lundi, c'est bon pour moi aussi ?

CHRISTINE : Oui, David.

ROCHANT : *(amusé)* Ah, lui, c'est « David »... Finalement, c'est peut-être un sujet intéressant, le prénom et le père. Vous m'excusez, je ne peux pas rester davantage. *(Il prend la boule dans la roulette et la lance.)* David. Retenez bien ce que je vais vous dire : écrivez. Écrivez. Écrivez. *(Il regarde le résultat de la boule dans la roulette et semble satisfait. Il prend son sac, le manuscrit, et se dirige vers la porte.)* À lundi.

Rochant sort.

Silence.

DAVID : *(calmement)* Surtout pas d'espoir, pas d'extase, du travail, du travail, du travail !

CHRISTINE : *(qui range ses affaires)* Voilà une bonne chose. Tu me mailes les chapitres 6 et 7. Je relirai. Je t'enverrai aussi un résumé des démarches administratives que tu dois faire.

DAVID : Non seulement Rochant est un grand écrivain, mais c'est aussi une belle personne...

CHRISTINE : En tout cas, il semblait très sincère.

DAVID : Oui, hein ?...

CHRISTINE : La seule chose pénible avec lui, ce sont ses colères. Il est très colérique. Un jour, il a provoqué un type en duel. Il était prêt à se mettre à l'escrime. Il a appelé son avocat qui lui a dit que c'était indéfendable, que c'était devenu strictement interdit par la loi !

DAVID : Ah bon ? ! Il lui avait fait quoi, le type ?

CHRISTINE : Jalousie, je crois. Tu sais ce que tu vas lui apporter lundi ?

DAVID : Oui, non, mais je t'appelle ce soir pour te faire des propositions.

CHRISTINE : Pas ce soir. Demain matin, ça te va ?

DAVID : *(charmeur, comme un reproche)* J'aurais préféré ce soir.

CHRISTINE : Eh ben non.

DAVID : *(résigné)* Alors demain matin...

Christine sort.

David reste seul. Il semble excité comme un enfant. Il met une pièce dans le juke-box, hésite à choisir la chanson, puis se décide. C'est une chanson d'amour de variétés très populaire. Après avoir fait quelques pitreries dessus, David s'assoit, sort son carnet, et écrit.

Noir.

Même décor. Marthe Dorval est assise à la table. Elle boit un chocolat tout en lisant un texte. Elle semble très concentrée, elle fait quelques annotations succinctes.

Christine entre.

CHRISTINE : Je suis désolée, madame Dorval ! On a beau être en moto, quand il y a de la circulation...

MARTHE DORVAL : Ce n'est pas grave. Simplement, vous savez que j'ai peu de temps.

CHRISTINE : Je suis désolée.

MARTHE DORVAL : J'ai lu le... recueil de David Karrer. C'est très beau.

Marthe Dorval est une femme très élégante, qui semble « efficace », attentive.

CHRISTINE : Vous l'avez déjà lu ? C'est vraiment gentil.

MARTHE DORVAL : C'est normal. Ce garçon écrit autre chose que de la poésie ?

Christine : Il écrit de tout. Des romans, des nouvelles, de la poésie...

Marthe Dorval : Du théâtre ?

Christine : Ah non. Pas de théâtre.

Marthe Dorval : Il vit de quoi, sans indiscrétion ?

Christine : Il se débrouille. Il fait le « nègre » pour des collections roses ou des polars à la louche. C'est difficile.

Marthe Dorval : Mh... Écoutez, je... Vous pouvez déjà lui dire que j'ai trouvé ça vraiment... bien écrit, sensible et surtout... très masculin, très enfantin, très... très optimiste. C'est tout à fait grisant de terminer une lecture et de se dire que la vie est belle. N'est-ce pas ?

Christine : Oui.

Marthe Dorval : Cela dit, je ne sais pas bien ce que je vais pouvoir faire pour lui, vous savez à quel point ce milieu est fermé, et je ne connais pas bien la poésie...

Christine : Oui, je comprends, ce n'est pas grave parce que...

Marthe Dorval : De plus, vous savez que j'ai moi-même des difficultés... Même si chacun de mes essais est publié, depuis que je veux écrire des romans je me heurte à des obstacles inimaginables, absurdes. Je me sens comme une débutante qui doit faire ses preuves !

Christine : Même avec le prix Émile Zola ?

Marthe Dorval : Le prix Émile Zola ne m'a rien apporté, Christine, rien ! À part un peu de notoriété ! Tout le monde m'avait dit « tu verras, maintenant on va déplier un tapis rouge sous ta plume ». Légende ! Pure légende. Je me bagarre comme au premier jour ! Ah ça, si je veux éditer un essai, on me signe un chèque tout de suite, mais un roman !

Christine : Je n'aurais pas cru...

Marthe Dorval : Moi non plus ! Cependant, je vais le donner à lire à Éric Corrèze, mon éditeur. Ça ne me coûte rien, et à lui non plus.

Christine : C'est vraiment... Merci beaucoup pour lui. Il va être fou de joie. Je voulais quand même...

Marthe Dorval : Il y a un problème ?

Christine : *(gênée)* Oui, non... Simplement, je l'ai donné à lire également à un autre écrivain qui a beaucoup aimé et...

Marthe Dorval : Mais vous avez bien fait, Christine ! Il faut multiplier les pistes, les démarches ! Vous savez à quel point c'est compliqué ! Celui qui s'engagera le premier aura l'auteur et basta ! Si on doit commencer à se faire des civilités, on est édité dans le cercueil !

Christine : Oui. C'est bien ce que je pensais. Mais je tenais à vous le dire pour qu'il n'y ait pas de... confusion.

Marthe Dorval : *(éclate de rire)* Au contraire ! Au contraire, Christine ! Je souhaite vivement que ce jeune homme soit édité et rencontre un public. On est très malheureux quand on a du talent et qu'on n'a pas de public ! Non ?

Christine : Je ne sais pas...

Marthe Dorval : Croyez-moi. Quel est cet autre auteur qui a aimé ces poèmes, quelqu'un avec qui vous travaillez ?

Christine : Oui, depuis très longtemps. C'est mon premier employeur.

Marthe Dorval : Je le connais ?

Christine : Vous connaissez sans doute son œuvre. C'est... Philippe Rochant.

Marthe Dorval marque un temps.

Marthe Dorval : Bien sûr, bien sûr... Vous travaillez pour lui. C'est un auteur considérable. J'ai entendu dire qu'il avait refusé d'être ministre de la culture, vous savez si c'est vrai ?

Christine : Je... Je ne sais pas.

Marthe Dorval : Mh... Que va-t-il faire pour David Karrer ?

Christine : Comme vous. Il l'a donné à lire à son éditeur.

Marthe Dorval : C'est très bien. Bon, que m'avez-vous apporté ?

Christine s'installe et sort des dossiers de son cartable.

Christine : Je vous ai trouvé trois articles incroyables, écrits au XVIIe siècle par un illustre inconnu, mais qui traitent exactement de la notion de « deuxième amour ». C'est étonnant. Le chroniqueur dépeint le sentiment étrange de celui qui tombe à nouveau amoureux de la même personne.

Marthe Dorval : Il se place de quel point de vue ? Homme ou femme ?

Christine : Homme.

Marthe Dorval : Il parle des hommes qui tombent deux fois amoureux de la même femme ?

Christine : C'est ça !

Marthe Dorval : Ça m'intéresse. Parfait. J'ai beaucoup de témoignages dans l'autre sens, j'en manquais dans celui-ci ! Quoi d'autre ?

Christine : J'ai deux cas d'espèce de remariage avec la même personne dans les campagnes creusoises. Années 50.

Marthe Dorval : C'est quoi ? C'est un témoignage oral ?

Christine : Non, c'est une procédure judiciaire. J'ai la copie des dossiers de divorce, et la copie des actes de remariage.

Marthe Dorval : Bravo, Christine. Vous pensez qu'on pourrait retrouver ces gens-là ? Ou leurs descendants ? Les interroger ?

Christine : Lisez d'abord le dossier et si ça vous intéresse, j'essaierai ! Ça ne coûte rien d'essayer.

Marthe Dorval : Merci. Ce sujet m'obsède, vous savez. Je suis tellement… bouleversée à l'idée que certaines personnes aient pu être émues à nouveau par celui ou celle qui quelques années plus tôt leur était devenu indifférent, ou pire… un ennemi. Émues au point de se remarier, de se réengager jusqu'à la mort ! L'amour qui prend sa revanche sur la lassitude, c'est excitant, non ? C'est tellement improbable ! C'est pour ça que je vous demande des histoires vraies, Christine, une documentation irréprochable, parce que moi-même je n'ose pas y croire !

Christine : C'est passionnant. J'ai même déjà parlé de l'idée à ma sœur qui aime beaucoup lire, et elle m'a dit que vous aviez un sujet en or.

Marthe Dorval : Elle est dans quoi, votre sœur ?

Christine : Elle travaille chez Carrefour. À la communication. Mais elle lit vraiment beaucoup. C'est pour ça que...

Marthe Dorval : C'est bien. Au contraire. C'est très bien. *(Elle regarde sa montre.)* Vous aviez d'autres documentations à me donner ?

Christine : Pour l'instant non, mais j'ai une piste sur Internet.

Marthe Dorval : Très bien, Christine. Alors, dès que vous avez quoi que ce soit, vous me prévenez. J'habite à côté, je passerai le prendre, puisque je crois que c'est votre QG ici ?

Christine : Oui... C'est central, ça convient à tout le monde... Et puis c'est calme, confortable...

Marthe Dorval : Oui. *(Elle prend la brochure.)* Je le donne à mon éditeur. Félicitez bien David Karrer pour moi.

Christine : Merci. Vraiment, merci.

Marthe Dorval : Tentez d'explorer les pistes des tribus africaines ou d'Amérique du Sud. Voyez si on trouve des cas similaires dans d'autres civilisations.

Christine : D'accord.

Marthe Dorval : *(avant de sortir)* À propos, Christine, dites à Philippe Rochant que je serais très heureuse de le rencontrer. Très heureuse. Travaillez bien.

Marthe Dorval sort.

Christine a l'air surpris un instant. Puis elle reprend ses esprits, sort son ordinateur portable et son téléphone, regarde sa montre et se met à travailler. Son téléphone portable retentit. Elle décroche.

CHRISTINE : Allô ? Oui, monsieur Rochant. Monsieur Sommet a lu ce matin ? ! Ça, c'est une excellente nouvelle... Oui, il est libre la semaine prochaine, s'il faut signer rapidement il n'y a pas de problème ! Ah... D'accord, je le lui dirai. Mais je pense qu'il sera très content, au contraire. De toute façon, on se voit toujours lundi ? D'accord. Merci encore, monsieur Rochant... Allô, allô, monsieur Rochant... *(David entre, il semble surexcité comme un gosse.)* Oui, j'ai un message à vous transmettre de la part de Marthe Dorval... Oui, je la connais, je travaille avec elle depuis quinze jours... Oui, je le lui ai dit parce qu'elle a aussi beaucoup aimé le texte de David et, du coup, j'ai parlé de vous... Voilà. Elle me charge de vous dire qu'elle serait très heureuse de vous rencontrer. Oui, c'est tout. Bien, monsieur Rochant. Je vous organise un rendez-vous dès que possible... Merci encore. À bientôt.

David se précipite sur Christine et l'embrasse sur le front.

DAVID : Jérôme Auclair me prend dans son écurie !

CHRISTINE : L'agent de Rochant ?

DAVID : Il n'a même pas lu, dis donc ! Il m'a gardé une heure dans son bureau, hyper froid le mec, glacial, il m'a écouté, je lui ai parlé de mes textes passés et à venir, j'ai, j'ai, j'ai... Je sais pas, moi, j'ai dû lui raconter ma vie en long en large, en travers, en cercle, en losange. Bref, à la fin le type s'est levé et il m'a dit : « Je fais confiance à Rochant. Je vous trouve très convaincant. Je lis votre recueil et tout ce que vous m'envoyez d'autre. On se fait signe dès qu'il y a du nouveau ! » Je rêêêêve !!! Et toi, quoi de neuf ?

CHRISTINE : *(qui est un peu gagnée par l'excitation)* Tout ! Marthe Dorval a adoré ton texte et va le faire lire à son éditeur !

DAVID : Non !

CHRISTINE : Si ! Et ce n'est pas tout. Sommet a déjà lu ce matin le recueil et il est emballé, il veut te signer la semaine prochaine !

DAVID : Me signer ?... Comment ça, me signer ?

CHRISTINE : Te signer ! Te faire un contrat, quoi !

DAVID : Non !

CHRISTINE : Si ! Il pose juste une condition à Rochant. Il veut que Rochant s'engage par écrit à faire la promotion avec toi, à être ton parrain, si tu préfères.

DAVID : Pas de problème pour moi ! Au contraire !

CHRISTINE : C'est ce que je me disais. En plus, Rochant est d'accord. Ils doivent juste se réunir avec le comité d'édition là-dessus dans les jours qui viennent et, dès que les termes de l'accord avec Rochant seront couchés noir sur blanc, ils prennent contact avec toi.

DAVID : *(qui s'amuse à frimer)* Tu veux dire avec mon agent !

CHRISTINE : *(qui répond au jeu)* Avec ton agent, bien sûr...

DAVID : Christine ! Christine ! Christine !!! J'y suis, là ! J'y suis, là, non ? Je vais être édité ? Je vais pouvoir écrire que des trucs que j'aime !!

CHRISTINE : C'est pas loin, en tout cas !

DAVID : J'ai envie de toi.

CHRISTINE : David...

DAVID : Tu ne peux pas dire non, là ! Je suis en train de devenir beau riche célèbre talentueux édité ! Tu ne peux pas... Tu ne peux pas te refuser à moi, là ! Aucune femme se refuserait à moi, là ! Aucune ! Même pas toi...

CHRISTINE : Si.

DAVID : Si tu ne cèdes pas aujourd'hui, tu ne céderas jamais !

CHRISTINE : Ah.

DAVID : Christine, tu es belle, tu es belle, tu es belle !!! Je ne te plais pas ?

CHRISTINE : D'abord, je ne suis pas belle, et ensuite... je suis très heureuse pour toi. C'est tout. Et c'est déjà beaucoup. En attendant, il faut avancer le roman de Solange Castella.

DAVID : Oh non !

CHRISTINE : Oh si...

DAVID : J'ai envoyé au moins cinq textes différents à Auclair, comme ça il aura tout !

CHRISTINE : Tu as bien fait.

DAVID : Oui, hein ?... *(Il pousse un grand cri soudain, puis il s'assoit et affirme :)* Christine, j'y crois ! J'y crois !

DEUXIÈME MOUVEMENT

Même décor. Marthe Dorval est là. Elle fume, adossée au juke-box. Elle est installée de telle façon que lorsque Rochant entre, il ne la voit pas. Elle attend. Elle ne manifeste pas sa présence. Philippe Rochant s'assoit. Il sort son téléphone portable et compose un numéro.

ROCHANT : Oui, Christine. Je vais couper mon portable, je ne veux pas être dérangé. Si on tient à me joindre, dites de laisser un message. Merci, ma petite.

Marthe Dorval sourit. Alors que Rochant ne l'a toujours pas vue, elle murmure :

MARTHE DORVAL : Très flattée...

Marthe Dorval se montre. Rochant se lève immédiatement. Silence. Les deux écrivains se regardent.

ROCHANT : Splendide. Tu es splendide.

MARTHE DORVAL : Tu as pris quelques kilos, non ?

ROCHANT : Non. Je n'ai pas bougé depuis dix ans. C'est donc ton souvenir qui m'a embelli.

MARTHE DORVAL : Possible.

ROCHANT : Tu fumes ?

MARTHE DORVAL : Pour ne pas boire.

ROCHANT : C'est bien.

MARTHE DORVAL : Merci.

ROCHANT : Je crois que j'espérais cette rencontre. Il nous restait des choses à nous dire...

MARTHE DORVAL : Tu crois ?

ROCHANT : J'en suis sûr. Depuis quelque temps, j'entends beaucoup parler de toi. Marthe Dorval pense ceci, Marthe Dorval pense cela... Ça m'agace.

MARTHE DORVAL : Ah bon...

ROCHANT : Oui, parce que j'adorais penser avec toi, modifier ton point de vue, le sentir frémir à mon contact, comme ton corps sous mes caresses. L'autonomie de ta pensée me ramène à ma solitude...

MARTHE DORVAL : Dis donc, tu commences fort, Philippe ! Tu es atteint d'un cancer ou quoi ? Tu as mal au bras, tu vas mourir d'une attaque ?

ROCHANT : Non. Je suis inspiré.

Marthe Dorval : Ah ! Je préfère. Quoique... L'autre hypothèse avait son charme aussi... Quand j'ai vu le temps passer, je me suis dit que je voulais absolument te revoir avant ta mort. C'est pour ça que...

Rochant : Tu as demandé à me rencontrer.

Marthe Dorval : L'occasion m'a tentée. Je me suis sentie prête.

Rochant : Mais moi je ne suis pas prêt à mourir, que ce soit clair.

Marthe Dorval : C'est clair. Tu es donc seul ?

Rochant : Comment ça, seul ?

Marthe Dorval : Il me semble qu'il y a trente secondes tu parlais de ta solitude...

Rochant : Ah oui ! C'est vrai ! Oui, oui ! Bien sûr que je suis seul ! Très entouré...

Marthe Dorval : Mais seul.

Rochant : Voilà.

Les deux écrivains sourient.

Marthe Dorval : J'ai connu un temps où tu étais plus inattendu.

Rochant : C'est l'émotion, sans doute.

Marthe Dorval : *(sourire)* Ou l'âge. Tu vis seul ?

Rochant : Si ta question est de savoir si je partage mon immense appartement avec une silhouette féminine, la réponse est non. Donc, je vis seul.

Marthe Dorval : Mais tu as de nombreuses maîtresses.

Rochant : Voilà. *(Un temps.)* Et toi ?

Marthe Dorval : J'ai lu *D'un passage à l'autre*, c'est ton plus beau livre. À la fois le plus vulgaire, le plus insolent... Comment tu peux écrire ça ?

Rochant : Parce que je m'en fous ! Plus je vieillis, plus je m'en fous, c'est redoutable ! Je suis très atteint par des détails. Un passant qui me bouscule et ne s'excuse pas. Mais le reste, le reste, Marthe, me passe dessus comme une bise légère, à la limite de l'absence ! Alors forcément, j'écris autrement. Je suis heureux que ça te plaise. Beaucoup d'artistes ont été écorchés par ce livre.

Marthe Dorval : Il m'a donné envie d'écrire.

Rochant : Tu es vraiment... « spéciale ».

Marthe Dorval : *(émue)* Merci.

Rochant : J'ai lu aussi chacun de tes essais depuis dix ans. *(Marthe Dorval semble surprise.)* Si. Tout ce que tu as écrit sur *la Linguistique et le sen-*

timent fera référence, c'est évident. Ta pensée est pertinente, sensible, inattendue. Le sujet fait un bien fou aux intellectuels laborieux que nous sommes, le sentiment !!

MARTHE DORVAL : Mais...

ROCHANT : Et puis je suis jaloux de ce que j'entends dire sur ton style, c'est irritant.

MARTHE DORVAL : Mais ?

ROCHANT : Mais quoi ?

MARTHE DORVAL : Avec toi il y a toujours un « mais », non ?

ROCHANT : Mh... J'ai entendu dire que tu voulais te mettre à la fiction ?...

MARTHE DORVAL : Oui.

ROCHANT : Ça, ça me fait très peur !

MARTHE DORVAL : Moi aussi.

ROCHANT : Je me souviens très bien de la nouvelle que tu m'avais donné à lire à l'époque, c'était...

MARTHE DORVAL : Oui ?

ROCHANT : Je te l'avais dit, je crois...

MARTHE DORVAL : Peut-être.

ROCHANT : Enfin, c'était... ce n'était pas de la fiction, c'était... du documentaire.

Un temps. Marthe Dorval se détourne puis, calmement :

MARTHE DORVAL : C'était il y a dix ans. J'ai changé, j'ai appris, j'y retourne.

ROCHANT : Parfait. Est-ce qu'il y a autre chose dans nos vies ? Autre chose que des mots qui s'ajoutent aux mots, qui s'ajoutent aux mots... Je n'ai pas réussi à répondre à la question de l'utilité de tout ça. Franchement, je ne sais pas.

MARTHE DORVAL : Tu ne sais pas ? Ça, c'est nouveau.

ROCHANT : Pourtant, comme tu dis, on y retourne ! Des mots, plus des mots, plus des mots... C'est beau, n'est-ce pas, ce qu'a écrit le petit Karrer ?

MARTHE DORVAL : Très. J'ai adoré cette strophe : « Cités ivres de sang et de sang altérées / Qui avez soif de sang et de sang ennivrées. »

ROCHANT ET MARTHE DORVAL : « Vos terres seront fer / Et votre ciel d'airain. »

Les deux auteurs se regardent, touchés de se souvenir d'un même passage.

ROCHANT : Pourquoi tu m'as quitté ?

MARTHE DORVAL : Moi, je t'ai quitté ?

ROCHANT : Tu m'appelais de moins en moins. Tu cherchais moins à me voir... Ça revient au même.

MARTHE DORVAL : *Tu* m'appelais de moins en moins ! ! Moi, je te laissais des messages, tu ne rappelais pas. Tu ne passais plus à l'improviste. Tu me concédais un rendez-vous, puis tu annulais, et quand enfin on parvenait à se voir, tu pensais à... autre chose.

ROCHANT : Je pensais à ce que j'écrivais. Tu n'as pas insisté. Avant, tu aurais insisté.

MARTHE DORVAL : Oui. Mais là j'en avais marre ! Voir notre amour s'appauvrir de jour en jour, c'était un cauchemar ! Et puis je n'en pouvais plus de ton silence ! Rochant, j'avais beau être déjà une femme, je t'ai toujours dit que j'étais amoureuse de toi comme une adolescente !

ROCHANT : Tu as même cessé de m'écrire...

MARTHE DORVAL : Oui, à bout de forces, j'ai cessé de t'écrire.

ROCHANT : Ça m'a fait très mal.

MARTHE DORVAL : Pardon ? Très mal ? Rochant...

ROCHANT : Je voyais bien que tu t'éloignais. Je voulais voir si tu insisterais, si tu m'aimais assez pour revenir m'arracher à moi-même, comme au premier jour.

MARTHE DORVAL : Je m'éloignais, parce que *tu* t'éloignais !

ROCHANT : Pas du tout.

Un temps.

MARTHE DORVAL : Tu ne t'éloignais pas...

ROCHANT : Non !... Je te l'ai dit, j'écrivais beaucoup à cette époque-là, alors j'étais peut-être un peu... concentré... mais pas lointain, je ne prenais pas de distance, en tout cas. Pas du tout.

MARTHE DORVAL : Tu ne me fuyais pas ?

ROCHANT : Pas du tout, pas du tout ! Je t'ai toujours dit que tu étais la seule femme avec qui j'avais éprouvé une complicité intellectuelle, sensuelle, affective d'une telle force ! Je te l'ai toujours dit, non ?

MARTHE DORVAL : Jusqu'au jour où tu ne me l'as plus dit.

ROCHANT : Je t'aidais à chacun de tes écrits, je t'accompagnais dans chacune des situations difficiles que tu rencontrais. Je n'ai jamais consacré autant de temps à une femme !

MARTHE DORVAL : Jusqu'au jour où tu ne m'en as plus consacré !

ROCHANT : Mais parce que tu t'éloignais !

MARTHE DORVAL : *Tu* t'éloignais ! Tu étais sans cesse courtisé par la presse, par les femmes comme d'habitude, par les hommes même ! Je me souviens très bien que tu sortais régulièrement avec Didier Serge, cette starlette beau comme un dieu, je me suis même demandé si tu n'avais pas viré ta cuti !

Rochant éclate de rire.

ROCHANT : Il n'a pas voulu !

MARTHE DORVAL : Ah, tu vois !

ROCHANT : *(Un temps.)* Alors nous sommes en train de nous dire qu'il y a eu un malentendu... C'est cela ?

MARTHE DORVAL : Peut-être...

Un temps. Assez long.

ROCHANT : Tu ne bois plus ?

MARTHE DORVAL : Non.

ROCHANT : Plus du tout ?

MARTHE DORVAL : Plus du tout.

ROCHANT : C'est bien.

MARTHE DORVAL : Tu me l'as déjà dit.

ROCHANT : Oui.

MARTHE DORVAL : Et toi, tu ne mens plus ?

ROCHANT : Non.

MARTHE DORVAL : Plus du tout ?

ROCHANT : Il m'arrive peut-être de faire quelques écarts... Des mensonges de politesse, des raccourcis. Mais rarement. Je n'en ai plus besoin. Je ne mens même plus à mes maîtresses. Elles se connaissent, se croisent... Tout cela est très décontracté. Je suis seul, Marthe.

MARTHE DORVAL : Moi aussi.

ROCHANT : Tu vis avec quelqu'un ?

MARTHE DORVAL : Non.

ROCHANT : Tu vois quelqu'un ?

MARTHE DORVAL : De temps en temps.

ROCHANT : Qui ?

MARTHE DORVAL : Tu ne connais pas. De toute façon, c'est sans importance.

ROCHANT : Bon. Tu vois, il me semblait bien qu'il nous restait des choses à nous dire... Il doit en rester encore et encore ? Non ?

MARTHE DORVAL : Sans doute...

Elle semble un instant hésiter à dire quelque chose, mais se tait. Elle prend une cigarette. Rochant le voit, hésite à l'interroger, ne dit rien. Un temps.

ROCHANT : Le hasard fait mal les choses, n'est-ce pas ?

MARTHE DORVAL : Qui ça ?

ROCHANT : Le hasard. Celui qui a fait en sorte qu'on ne se voie plus pendant dix ans.

MARTHE DORVAL : Ah, celui-là... C'est un complice. Je lui avais demandé de me filer un coup de main.

ROCHANT : Un coup de main pour ne pas me voir ?

MARTHE DORVAL : Ne pas te voir, ne pas te croiser, ne pas entendre parler de toi, ne pas savoir qui te touchait. Tout.

ROCHANT : Tu m'as évité pendant dix ans ?

MARTHE DORVAL : Ça fait seulement deux, trois ans que je t'évite avec moins de conviction.

ROCHANT : Pourtant tu as lu mon livre ? Mes livres, non ?

MARTHE DORVAL : Nous avions quelques jokers.

Un temps.

ROCHANT : Moi, c'est tout l'inverse, Marthe. J'espérais te voir, te croiser, entendre parler de toi. J'espérais un dîner d'amis où tu serais invitée...

MARTHE DORVAL : J'en ai annulé cinq, six, sept parce que tu y étais.

ROCHANT : Je me suis tapé un nombre incalculable de petits fours dans l'espoir de te croiser au détour d'un friand au saumon.

MARTHE DORVAL : Tu détestes le saumon !

ROCHANT : Voilà ! C'est ça ! Et je ne te parle pas des pièces de théâtre, des festivals de cinéma : Kurosawa, Tarkovski, Becket. Je suis même allé dans le carré VIP d'un concours de patinage artistique.

MARTHE DORVAL : Tu confonds, Philippe, je ne supporte pas le patinage artistique !

ROCHANT : Justement ! Je me disais que tu irais peut-être juste pour me faire chier !

MARTHE DORVAL : Toutes ces mondanités ! Toi qui prônes l'effacement de l'artiste derrière son œuvre !

ROCHANT : Oui, eh bien à cause de toi j'ai fait le « coming out » de mes propres contradictions.

Rires. Un temps.

Soudain Marthe Dorval touche Rochant et dit :

MARTHE DORVAL : Chat !

Elle se met à se cacher. Rochant pris au jeu immédiatement la touche à son tour.

ROCHANT : Chat !

MARTHE DORVAL : *(à nouveau)* Chat !

Le jeu peut durer un peu. Puis ils sont tout près l'un de l'autre. Rires !

MARTHE DORVAL : Je t'ai aimé, Rochant... Je t'ai aimé... Beaucoup.

ROCHANT : Je déteste le passé composé. *(Un temps. Sincère.)* Il n'y a pas deux amours comme ça dans une vie... Il n'y en a qu'un. Je peux le dire aujourd'hui. Avec certitude. Il n'y a qu'un amour comme ça.

Silence encore. Nervosité de Marthe.

ROCHANT : Alors, ton roman, ça en est où ?

MARTHE DORVAL : J'ai rédigé un chapitre que j'ai envoyé à Éric mon éditeur. Cette ordure ne veut pas me faire de chèque d'avance avant d'avoir lu au moins un chapitre.

ROCHANT : « Ordure » ? J'ai lu dans une interview que tu l'adorais, qu'il était tellement fantastique, qu'il avait joué un rôle tellement hyper important dans ta carrière que je ne sais plus quoi.

MARTHE DORVAL : D'abord, je n'ai certainement pas employé les termes « adorer » et « fantastique » et « hyper je ne sais plus quoi »... Ensuite, j'ai dû parler de « fidélité », de « reconnaissance » et « d'entêtement » et tout cela, Rochant, je le maintiens. Éric m'a éditée alors que personne ne voulait de moi. Mes trois premiers livres ont fait des bides et il a édité le quatrième quand même. Alors oui, ça m'agace profondément qu'il ne me fasse pas une confiance aveugle maintenant que j'ai fait mes preuves, mais dans le fond, je le comprends !

ROCHANT : Moi aussi !

MARTHE DORVAL : Salaud.

ROCHANT : Qui m'appelle ?

Rires des deux écrivains.

ROCHANT : En tout cas, Marthe, j'aimerais vraiment être ton lecteur privilégié. Voir naître chapitre après chapitre ce projet qui te tient tant à cœur. Être ton emmerdeur de service.

MARTHE DORVAL : Pourquoi pas...

Un temps.

ROCHANT : Les compteurs sont à zéro maintenant. On peut repartir sur de nouvelles bases ?

Marthe Dorval détourne le regard.

ROCHANT : Non ?... *(Nouvelle hésitation de Marthe Dorval.)* Qu'est-ce qu'il y a ?

MARTHE DORVAL : Rien...

ROCHANT : *(agacé)* Allons-y, allons-y, Marthe, nous sommes bien partis, parlons-nous, vidons nos sacs !

Marthe Dorval semble encore hésiter. Rochant s'emballe.

ROCHANT : Merde, merde ! C'est quoi que tu veux me dire !?

MARTHE DORVAL : Un début de colère qui me rappelle des souvenirs...

ROCHANT : Oui, bon, alors...

MARTHE DORVAL : Quand j'ai senti que tu t'éloignais... que... que j'allais te perdre, je...

ROCHANT : Tu quoi ?

MARTHE DORVAL : Je t'ai trompé.

Un temps.

ROCHANT : *(après une grimace de douleur)* Aïe.

MARTHE DORVAL : Je voulais me prouver que je pouvais séduire, qu'il y aurait une vie après toi... Je t'ai trompé.

ROCHANT : Avec qui ? Je connais pas ? C'est sans importance ? Combien de temps ?

MARTHE DORVAL : Quelques mois. Avec le recul, Philippe, je pense que c'est pour ça que tu as senti que je m'éloignais. C'est un immense... gâchis et... malentendu... et...

ROCHANT : *(étonné, comme un enfant)* Ça fait mal. Dix ans après ça fait mal. Je ne cesse pas d'apprendre.

MARTHE DORVAL : Je n'aurais jamais cru que tu aurais mal un jour de ça, j'étais tellement persuadée que...

ROCHANT : *(fou de rage)* Avec qui ? Avec qui, Marthe ?! Je veux savoir, tu me le dois !!

MARTHE DORVAL : Je ne crois pas que ça soit...

ROCHANT : *(hurlant)* JE VEUX SAVOIR !

MARTHE DORVAL : *(après un temps)* Bien. Sommet.

Silence.

Rochant : Mon éditeur ?

Marthe Dorval : Je te rappelle que ça fait dix ans, Philippe.

Rochant : Tu as eu une aventure de quelques mois avec Sommet, mon éditeur, pendant que nous étions ensemble ?!

Marthe Dorval : Oui.

Rochant : Et c'est à cause de ça qu'on s'est perdus ?

Marthe Dorval : N'en rajoute pas, Philippe.

Rochant : Mais je rêve ! Je rêêêêve !!! Dis-moi que c'est une mauvaise farce, Marthe, dis-moi que c'est... c'est une de tes fictions maladroites !!... Ça fait dix ans que Sommet me regarde avec des cornes ! Ça fait dix ans que je confie mon œuvre, ma chair, ma sueur à un type qui a couché avec la femme que j'ai le plus aimé au monde !! Et tu ne m'as rien dit en dix ans ! Pas un mot, pas un aveu ! Qui est au courant de cette histoire ? *(Gêne de Marthe Dorval.)* Qui est au courant de cette histoire ?!

Marthe Dorval : Calme-toi... Je ne sais pas... Peu de gens...

Rochant : Peu de gens ?! Quand tu dis « peu de gens » ça signifie : pas le grand public, c'est ça ? Ça signifie que quand je croise quelqu'un qui me reconnaît dans la rue il n'est pas en train de penser : « Tiens, v'là ce bon cocu de Rochant. »

Marthe Dorval : Notre histoire est au-dessus d'une infidélité passagère, non ?

Rochant : Pas avec mon éditeur ! Est-ce que tu sais qu'il était le seul à qui j'osais confier ma douleur à l'époque, quand je te voyais t'éloigner ? Est-ce que tu sais comment il a réagi, Marthe, il y a quelques mois à peine, quand je lui avouais combien ton absence était encore lourde pour moi ?! Il a eu une quinte de toux, Marthe ! Une très longue quinte de toux, il a dû sortir boire un verre d'eau ou... enfin. Je me suis même demandé s'il n'était pas gravement malade et s'il ne me le cachait pas pour me protéger ! QUI est au courant ?

Marthe Dorval : Je ne sais pas moi... Sa femme...

Rochant : Lise ?

Marthe Dorval : Oui, elle, au moins, elle s'est davantage intéressée à l'éloignement de son mari ! Elle a poussé la curiosité plus loin.

Rochant : *(très violent)* Tais-toi Marthe ! Tais-toi !

Silence.

MARTHE DORVAL : Ça n'a pas compté pour moi, Philippe ! Pas du tout ! Je l'ai fait pour t'extirper de moi, je t'avais dans la peau, j'étais malade, je ne dormais plus, je vomissais tout ce que je mangeais, je te voyais partout ! Je n'en avais rien à foutre de Sommet !

ROCHANT : Et lui ?

MARTHE DORVAL : Lui, je ne sais pas.

ROCHANT : Et lui, Marthe ?

MARTHE DORVAL : Lui, il était amoureux.

ROCHANT : Amoureux...

MARTHE DORVAL : C'est pour ça que ça n'a pas duré, d'ailleurs. Nous n'étions pas sur la même longueur d'onde...

ROCHANT : Il était amoureux de toi... Il est toujours amoureux ?

MARTHE DORVAL : Je ne sais pas, moi... On ne se voit presque jamais.

ROCHANT : Presque ? Tu ne l'as pas évité, lui ?

MARTHE DORVAL : Philippe...

ROCHANT : Est-ce qu'il est toujours amoureux de toi ?!

MARTHE DORVAL : *(agacée)* Il parait que oui ! Mais je n'ai pas vérifié !

ROCHANT : Bien...

MARTHE DORVAL : Ça n'a pas compté...

ROCHANT : Mh...

Rochant semble être très atteint. Il s'assoit puis se relève. Il se dirige vers Marthe. Elle n'est pas rassurée mais le laisse faire. Il l'embrasse sur le front.

MARTHE DORVAL : Qu'est-ce que tu... ?

ROCHANT : Je m'en vais.

Marthe Dorval se détourne. Elle ne le regarde pas partir. Une fois qu'il est sorti, elle murmure :

MARTHE DORVAL : Mon amour... Mon épuisement...

Noir.

TROISIÈME MOUVEMENT

Christine et David sont assis à la table. Ils sont un peu fébriles.

CHRISTINE : J'ai eu la secrétaire de Sommet au téléphone, elle dit que si tout va bien on peut viser une sortie en librairie en septembre.

DAVID : *(frimeur)* Septembre ?... Je suis libre en septembre ?

CHRISTINE : *(après un sourire)* Kaplan me certifie qu'on peut signer les yeux fermés avec Sommet. La seule chose, c'est de ne rien céder en terme de droits d'auteur purs. Rien. Pour le reste, il dit que ses contrats sont plutôt réglo.

DAVID : Moi, j'ai essayé de joindre mon agent... Enfin... Jérôme Auclair, là, justement, pour qu'il m'envoie un... je sais pas, moi... un exemple de contrat, genre « type », mais je n'ai pas réussi à le joindre.

CHRISTINE : Il faut réessayer.

DAVID : J'ai déjà appelé trois fois, quand même...

CHRISTINE : Ah bon... Bon, alors, attends un peu. Ce n'est pas non plus très urgent. Il faut d'abord que Rochant signe de son côté.

DAVID : Il devrait arriver là, non ?...

Christine acquiesce.

DAVID : Si je signe, Christine, de toute façon il faudra penser à te rémunérer aussi.

CHRISTINE : Bien sûr, David, je verrai ça avec ton agent.

DAVID : Oui, hein, parce que...

CHRISTINE : Ne t'inquiète pas.

DAVID : Non mais... Bon. Tu en as pensé quoi de ma scène érotique ?

CHRISTINE : C'est très drôle...

DAVID : Ah bon ? Solange Castella, elle, elle a trouvé ça for-mi-dable. Elle m'a demandé si c'était du « vécu ». Je lui ai répondu que pas encore... Alors elle m'a dit « tenez-moi au courant »... On a beaucoup ri !

CHRISTINE : Parce que c'est très drôle.

Rochant entre, il est en conversation téléphonique. Il ne se préoccupe pas de Christine et David tant il est accaparé par sa conversation qui, semble-t-il, le met très en colère. David et Christine sont spectateurs de son emportement. Même si sa colère est sincère, Rochant cabotine un peu en présence des deux jeunes gens.

ROCHANT : Je lui ai dit que je n'étais pas l'auteur de *La Philosophie de* *l'ombre*, que je n'en avais fait que la préface, et qu'est-ce que je lis en ouverture de son article ? « L'auteur de *La Philosophie de l'ombre* nous a accordé un entretien » !!!

— Écoutez Morrand, vous avez d'excellents journalistes dans votre journal, là, pourquoi vous m'envoyez le petit stagiaire de derrière les fagots ?!

— Attendez, je cite, vous allez comprendre : « Philippe Rochant est un homme extrêmement brillant, qui prend toute sa dimension sous les projecteurs ! » Je HAIS les projecteurs ! Je me bats pour l'obscurité, pour la maladresse, pour l'ascétisme ! Je m'évertue à éteindre tout ce qui brille en moi et ce petit insolent me fait passer pour un chanteur de variétés !

— Je n'ai qu'une conviction, Morrand, une seule ! C'est que l'art est pur et beau comme un papillon tant qu'il est inconscient d'être un papillon !

— Je suis une taupe, Morrand, un sous-marin, un spéléologue, alors qu'on me lâche avec mon brio et mon incandescence !!

— Vous pouvez voir ce que vous voulez avec mon éditeur, je n'ai plus d'éditeur !

(*Regard incrédule de Christine et David. Ils sourient, pensant à une ruse de Rochant.)*

— Refaire un portrait ? Alors là n'y comptez pas, n'y comptez pas, je n'ai pas que ça à foutre !

— Salut Morrand ! Sans rancune !

(Rochant range son téléphone. Il regarde enfin Christine et David.)

Merde ! Je vous préviens, je vais très mal !

CHRISTINE : Je peux vous aider ou...

ROCHANT : Vous voulez m'aider ?! Trouvez-moi un éditeur !

David manque de s'étouffer.

CHRISTINE : Vous... vous plaisantez ou... ?

ROCHANT : *(toujours en colère et très direct)* Mon ami, mon camarade-Sommet m'a trompé avec la femme que j'aime le plus au monde. Il n'y a rien de plus douloureux, rien ! Je suis sonné, je suis malheureux, je suis perdu comme un gamin, Christine. J'ai l'impression que je n'ai rien vécu... que toutes ces années derrière moi ne m'ont servi à rien. J'ai vécu pour ne rien comprendre. Rien.

CHRISTINE : Mais vous savez ça depuis...

ROCHANT : Marthe Dorval est la femme que j'aime. Elle me l'a appris comme une fleur hier soir...

CHRISTINE : Et... c'est arrivé... ces jours-ci ?

ROCHANT : Il y a 10 ans.

DAVID : *(soulagé)* Ah bon alors... *(regard-fusil de Rochant)* alors alors....

ROCHANT : Alors, Christine, vous allez appeler Le Seuil immédiatement. Ils me veulent depuis des années, ils m'auront. C'est tout. Je ne veux plus entendre parler de Sommet, je ne veux même pas avoir une explication avec lui. Prenez contact avec mon avocat. *(Silence.)* Je me sens trahi. Le temps n'y fait rien. Je suis trahi comme si c'était hier.

CHRISTINE : Je suis désolée, monsieur Rochant.

DAVID : Moi non plus. Moi aussi, moi aussi. Désolé.

Rochant s'arrête. Il regarde soudain David.

ROCHANT : Je suis stupide, David. Je vous balance ça sans anticiper une seconde les conséquences que ça a pour vous. Excusez-moi. *(À Christine :)* Vous la connaissez bien, Marthe ?

CHRISTINE : Depuis quinze jours...

ROCHANT : Parlez-moi d'elle.

CHRISTINE : Vous savez je... je ne suis pas écrivain et puis... je suis une femme... Je...

ROCHANT : *(après un sourire)* Elle a du talent, n'est-ce pas ?

CHRISTINE : Oui, ça oui. J'ai lu tous ses livres. Elle a du talent. Même David pense comme moi.

DAVID : *(timidement)* Oui.

CHRISTINE : Monsieur Rochant...

ROCHANT : Oui... *(Christine lui indique David qui broie du noir dans son coin.)* Ah, David... David... Bien. Pas de détour, n'est-ce pas ?... Je ne pourrai pas soutenir votre projet chez... ce connard de Sommet. Vous comprenez mes raisons, n'est-ce pas ? Je ne peux décemment pas faire avec ce type comme si de rien n'était ! Ce n'est pas possible ! Pas possible... *(David acquiesce.)* C'était plus qu'un ami, c'était... un lecteur ! Vous voyez ce que je veux dire... En revanche, David, je ne vous empêche pas de vous faire éditer chez lui. S'il a aimé, qu'il prenne ses responsabilités.

CHRISTINE : Il a été clair avec vous, monsieur Rochant, il n'édite David que si vous soutenez le projet.

Rochant : Je ne peux plus, ma petite. Je ne peux plus le faire.

Silence.

David : Alors il ne m'éditera pas.

Rochant : Eh bien ce n'est pas grave ! Ce n'est pas grave ! On vous éditera plus tard ! Dans deux ou trois ans Le Seuil vous éditera ! Je m'arrangerai ! Ne cherchez pas le public, David, cherchez l'écriture ! Cherchez la vie ! Cherchez l'amour ! Vous ne voyez pas comment le brillant écrivain que je suis, mange la moquette de douleur parce qu'une femme l'a trompé il y a dix ans. Parce qu'une... une... une femme a offert ses seins aux lèvres d'un autre homme ! À l'heure où je vous parle, je n'ai pas d'éditeur, je m'en fous ! Vous ne voyez pas comme je m'en fous ! Je veux simplement que cette histoire n'ait pas eu lieu ! Je voudrais que ma mère ressuscite pour m'embrasser et me réveiller d'un baiser de ce putain de cauchemar !

David : Si elle pouvait me réveiller au passage...

Rochant : Je suis désolé, David. Désolé. Voilà. Je ne vais pas dégoiser pendant des heures, ça ne changerait rien. Voilà. Je vous promets simplement que dans deux ou trois ans si... si je suis bien installé dans une maison d'édition, je... je pense à vous. C'est tout. Je le ferai.

David : Deux ou trois ans...

Rochant : Et puis mon agent va vous aider... Il vous a pris, non ?

David : Oui.

Rochant : Je ne peux pas faire mieux. Christine, je vous fais confiance. Vous téléphonez au Seuil et à mon avocat ?

Christine : Oui, monsieur Rochant.

Rochant se dirige vers la porte.

Rochant : Heu, Christine... Quand est-ce que vous devez... revoir Marthe Dorval ?

Christine : Dans l'après-midi. En fait, je dois l'appeler quand j'aurai fini avec David.

Rochant : D'accord... D'accord. Nous en reparlerons. *(Il sort. Puis réapparaît.)* Vous aviez amené vos autres textes ?

David les sort de son cartable et les tend à Rochant.

Rochant : Je les lirai. Je me calme, et je les lis.

David : Merci.

Rochant sort.

Silence.

DAVID : Bon. Ça fait mal. Ça fait toujours mal. On ne s'habitue pas à un rêve qui trébuche.

CHRISTINE : Il nous reste Marthe Dorval, il n'y a pas de raison qu'elle ne fasse pas lire à son éditeur, elle l'a promis.

DAVID : Tu ne crois pas que c'est simple pour... pour un mec qui est au sommet de sa carrière...

CHRISTINE : *(tentant l'humour)* C'est le cas de le dire...

DAVID : Non mais tu trouves pas que c'est facile de... de dire que l'important c'est d'aimer ?! C'est simple, non ?

CHRISTINE : Tu sais, mon père était peintre en bâtiment et il disait pareil. Alors...

DAVID : C'est comme si tu disais à un chômeur « vous avez pas de boulot, mais au moins vous avez l'amour »... C'est stupide. Stupide ! Je ne peux pas... J'ai besoin d'avancer, c'est... c'est une obsession... Je me sens nul sinon... Il est sur une autre planète, Rochant... Il est peinard dans sa douleur à vivre, là... dans, dans... dans son grand appartement, dans sa grande maison d'édition... Qu'est-ce que tu fais ?

CHRISTINE : *(qui a pris son téléphone)* J'appelle Marthe Dorval.

DAVID : Qu'est-ce que tu vas lui dire ?

CHRISTINE : *(au téléphone)* Oui, Marthe, c'est Christine. Très bien et vous ? Non, je n'ai pas tout à fait terminé avec David Karrer mais... Je me disais que... Voilà. Exactement. Oui bien sûr, j'ai... j'ai un ou deux dossiers à vous transmettre... Dont un extraordinaire sur... D'accord, je vous en parle tout à l'heure... À tout de suite, alors ? Bien, Marthe. À tout de suite. Voilà. Elle arrive.

DAVID : Qu'est-ce qu'elle a dit ?

CHRISTINE : Elle a dit qu'en effet elle serait très heureuse de te rencontrer. *(Elle sourit.)* Elle avait une petite voix au téléphone.

DAVID : C'est pas vrai, ça ! Elle ne va pas nous faire une dépression, elle aussi !

CHRISTINE : Si Rochant a pleuré à ses pieds, elle devrait plutôt être en pleine forme ! Non ?

DAVID : Ah bon ? Tu penses ça, toi ?

CHRISTINE : Non.

DAVID : Ah bon. *(Un temps. David regarde Christine.)* Tu ne veux toujours pas, là... par hasard ?

CHRISTINE : Tu devrais plutôt tenter de rappeler ton agent. Il t'a bien dit de l'appeler s'il y avait du nouveau. Il y a du nouveau, là.

DAVID : Au point où j'en suis.

David emprunte le téléphone portable de Christine. Elle se dirige vers le juke-box et regarde les titres. Elle en choisit un, un peu jazz, qu'elle met en fond musical.

DAVID : Oui. Jérôme Auclair, s'il vous plaît. David Karrer. Oui, j'attends... *(Christine chante un peu avec la musique jazz.)* Allô ? En rendez-vous à l'extérieur... Bon... Oui, je veux bien. Heu... Dites-lui que... Comment dire... Il y a 10 ans, Philippe Rochant a été… enfin, une femme l'a… enfin, disons qu'il est…en quelque sorte il est… et ça ne lui plait pas du tout. Alors… Bon ! Il ne peut plus être mon parrain chez l'éditeur Sommet pour des raisons personnelles, voilà... Et que donc je... ben disons que je suis à la recherche d'un autre éditeur. Voilà... C'est clair ? C'est noté ? Merci beaucoup, Mademoiselle. Allô ? Allô, oui, il peut me joindre au 06 70 86 43 43... Voilà. Merci, au revoir... *(Il éteint le portable.)* Au revoir, au revoir, au revoir...

CHRISTINE : On ne sait jamais.

DAVID : Mh... Et tu ne crois pas qu'on pourrait essayer quand même de demander à Sommet si... je ne sais pas, moi... si sans Rochant... Non ? Il a aimé, quand même... Il m'éditera peut-être... C'est une grosse boîte... Ils n'ont... Ils n'ont pas forcément besoin d'un parrain...

CHRISTINE : On va essayer.

DAVID : Tu me trouves acharné, non ?... Tu trouves que je ne pense qu'à ça ? Il n'a pas tort, Rochant, c'est vulgaire pour un artiste de s'attacher à ce point à sa réussite personnelle. Mais je viens de nulle part, moi. Je ne pourrais pas faire autre chose qu'écrire et... je me déteste d'écrire mal, trop vite, sans envie, juste pour les pâtes et le loyer. Je ne sais pas pour qui je veux faire mes preuves... Ma mère, mon père... Mon frère qui est beau et plein d'enfants... Pour toi peut-être, pour tous les regards que je croise et à qui je voudrais crier « je suis écrivain ! Je suis écrivain !! »... Je ne sais pas... J'ai envie de lancer la boule et qu'elle tombe sur le bon numéro rien qu'une fois... Est-ce que c'est mal ?

CHRISTINE : En tout cas c'est mérité.

DAVID : *(ému)* Christine, je voudrais réussir ne serait-ce que pour citer ton nom dans toutes les interviews ! Mieux ! Si je suis édité, je te dédie mon recueil !

CHRISTINE : Je ne voudrais pas que mon motard soit jaloux.

DAVID : Il lit de la poésie, ton motard ?

Marthe Dorval entre. Elle a mis des lunettes noires qu'elle enlève en entrant. Elle est toujours très élégante mais elle semble fatiguée...

MARTHE DORVAL : Bonjour Christine, bonjour David... Je suis... enchantée. Vous avez beaucoup de talent.

DAVID : Merci.

Marthe Dorval s'assoit, elle semble soucieuse.

MARTHE DORVAL : Vous avez vu Philippe Rochant ?

CHRISTINE : Oui, justement. C'est un peu pour ça que je voulais que vous rencontriez David.

MARTHE DORVAL : Parce qu'il ne veut plus le présenter à son éditeur ?

DAVID : Ben oui !

MARTHE DORVAL : Il le quitte ?

CHRISTINE : Heu... Oui.

Un temps.

MARTHE DORVAL : Je suis étonnée de la... pérennité de certains sentiments... Alors que le temps atténue tout, tout, il y a quelques émotions rescapées qui passent les mailles du filet, et qui restent aussi pures qu'au premier jour. L'enveloppe vieillit, s'enlaidit, mais le sentiment lui, est intact. *(Elle regarde longuement David.)* Où puisez-vous cette vitalité, David ? Où puisez-vous l'énergie qu'il y a dans vos textes ?

DAVID : Je sais pas... Je ne me dope pas, en tout cas !

MARTHE DORVAL : Vous buvez ?

DAVID : Non.

MARTHE DORVAL : Moi, j'ai beaucoup bu à une époque. Vous le saviez ? C'était grisant, ça ne se voyait pas ! J'avais l'impression de faire de la vitesse sans être soupçonnée des radars ! Et puis j'ai rencontré Rochant. Et là, il a posé un mot sur moi, redoutable, dégradant : « alcoolique ». C'est grâce à ça que j'ai arrêté. Au risque de ne plus jamais écrire de ma vie. Et puis j'ai écrit quand même...

Un temps.

CHRISTINE : Est-ce que vous pensez que... vous allez pouvoir donner le recueil de David à... ?

MARTHE DORVAL : À Éric ? Bien sûr. Je vais le lui donner. Je vous l'ai dit, nous... nous n'avons rien à perdre. Je dois le revoir dans deux jours. Je... je vais le lui donner. On ne sait jamais. *(Toujours un peu sombre.)* Qu'est-ce que vous avez trouvé pour moi alors, Christine ?

Christine sort un dossier qu'elle tend à Marthe Dorval. Elle le consulte.

MARTHE DORVAL : *(un peu éteinte)* Mh... Mh... C'est bien... C'est vraiment étonnant ! Vraiment, heu... intéressant... Ce couple est encore en vie ?

CHRISTINE : Oui, ils vivent à Montauban, dans le Sud-Ouest.

MARTHE DORVAL : Ils se sont mariés quatre fois ensemble !? Je croyais que l'indécision était l'apanage des jeunes générations ! C'est tout à fait ce qu'il me faut. Vous êtes marié, David ?

DAVID : Non. Je n'ai pas... disons... le temps.

MARTHE DORVAL : Vous travaillez beaucoup en ce moment ?

DAVID : ... Déjà, j'écris pour moi, ça m'accapare beaucoup, et puis... j'écris... vous savez... j'écris dans l'ombre, pour d'autres.

MARTHE DORVAL : *(un peu pressante)* Pour qui ?

DAVID : Ben, je... Non. Ça, je ne peux pas le dire. Ce n'est pas très correct.

MARTHE DORVAL : Bon, bon, c'est bien, vous avez raison. Absolument raison. Bien, je vais donner votre recueil à Éric, je le vois dans deux jours... C'est... Vous devez sentir, Christine, que je suis un peu... contrariée ?...

CHRISTINE : *(un peu surprise par la question)* Oui, madame Dorval, je pense que c'est d'avoir revu Philippe Ro...

MARTHE DORVAL : Non ! Non, non... Ça, ce n'est rien ! Ça me touche, ça me trouble mais... ça ne me contrarie pas !

CHRISTINE : Ah bon... Vous avez un... un autre problème ?

MARTHE DORVAL : Oui. Oui. Je... Je suis terriblement vexée. Je dois voir Éric dans deux jours parce que le premier chapitre que je lui ai envoyé ne lui a pas plu. Je ne sais pas pourquoi... Il... Il m'a juste appelée tout à l'heure et m'a donné rendez-vous. Je suis très blessée... Un peu perdue. Je dois venir le voir avec des propositions et je suis tellement... assommée que... je n'ai rien dans la tête. Rien.

CHRISTINE : Ça ne lui a pas plu ? Comment ça ?

MARTHE DORVAL : Je ne sais pas. Il n'est pas « convaincu », il faut qu'on s'en parle etc., etc.

Un temps.

CHRISTINE : David peut peut-être vous aider ?

David semble surpris par la proposition.

CHRISTINE : N'est-ce pas, David ? Tu as toujours un diagnostic très pertinent, non ? C'est toujours bon d'avoir un regard extérieur sur son texte... Enfin, c'est ce qu'on dit.

MARTHE DORVAL : Vous croyez ? Non... David, je ne vais pas vous embêter avec ça... Cela dit, c'est vrai que... j'ai le texte ici et que... si vous pouviez jeter un œil. C'est très court... Simplement pour m'aider à y voir clair.

DAVID : Heu... Comment ?... Là maintenant, là ?...

MARTHE DORVAL : Je suis perdue, David. Mes textes sont mes diapasons et, je n'entends plus rien. Je n'ai plus d'équilibre.

DAVID : *(sincère)* Je... je vous comprends parfaitement. Je... je suis comme vous. C'est très profond ces rapports que nous avons à nos textes et à leur avenir. Comme à nos enfants, en fait. C'est simplement que... que... *(Insistance coquette du regard de Marthe.)* Bon, avec plaisir mais... je n'ai pas la science infuse...

MARTHE DORVAL : *(lui tend son texte)* Merci, David.

Silence. David lit le texte de Marthe Dorval.

Marthe Dorval se lève, jette la boule dans la roulette et semble satisfaite du résultat.

MARTHE DORVAL : Rien n'est acquis, Christine. Tout est toujours à refaire...

CHRISTINE : Oui ?

MARTHE DORVAL : Oui. *(Elle regarde David d'un œil, qui est accaparé par sa lecture, et de l'autre elle regarde le juke-box...)* Quel bel objet... J'adore cette chanson : *If the Russians love their children too*... C'est mon fils qui m'a fait découvrir ça : Sting, quelle voix magnifique. *(Revenant à Christine.)* Parfois il suffit simplement d'un mot, d'une impression pour redéclencher l'envie.

David lève le nez de son texte.

DAVID : Bon... Bon... C'est très... bien. Bien... De toute façon, j'adore ce que vous... Simplement, pour moi, une seule chose manque, c'est un début. Votre éditeur va vouloir un début, c'est-à-dire une rencontre, un événement. Selon moi, le chapitre que vous avez écrit est le chapitre deux de votre histoire, pas le premier.

Marthe Dorval : Pourquoi ?

David : Disons, votre éditeur a peur de la théoricienne que vous êtes, donc il faut lui démontrer que vous pouvez être « pratique », factuelle, scénariste. Vous pourrez tout changer ensuite ! Mais pour l'instant...

Marthe Dorval : Je pensais faire l'inverse. Donner d'abord à mes lecteurs la « théoricienne que je suis » puis les conduire vers plus de surprise, vers ce qu'ils attendent moins de moi.

David : Non, ne vous offrez pas tout de suite, si je puis dire... Faites-vous désirer. *(Il s'emballe.)* Par exemple, au lieu de commencer par la description, très réussie d'ailleurs, du regard de doute de votre personnage, son introspection sur ce doute, commencez par... je dis n'importe quoi, hein... par la faire hésiter entre une robe bleue et une robe rouge dans un magasin, vous voyez. Quelque chose de très concret ! Son doute n'est pas dans sa tête, il est dans sa réalité !

Marthe Dorval : Très bien, c'est très bien...

David : Par exemple ! Faites votre premier chapitre là-dessus et terminez-le par une phrase simple qui décrit la douleur que lui a créé cette hésitation apparemment futile. Et votre sujet sera posé. À ce moment-là, comme une fleur, l'introspection arrive, telle que vous l'avez écrite, mot pour mot, avec toute sa densité.

Marthe Dorval : Ça me plaît, David. C'est simple. Ça me plaît.

David : Voilà.

Marthe Dorval : Ça ne vous ennuie pas si je... propose cette solution à Éric ?

David : *(très vite et sincère)* Non... Pas du tout, pas du tout ! Ce n'est qu'une idée... Ce n'est rien qu'une idée... Tout reste à faire ensuite... Tout reste à écrire. Mais trouvez un autre exemple que la robe bleue ou rouge. Plus inattendu. Bon, bon... Je vais y aller, moi... Je crois que j'ai eu assez... de... de... d'émotions pour aujourd'hui !

Marthe Dorval : Oui... Vous restez, Christine ?

Christine : Heu...

Marthe Dorval : Non, non, mais... C'est bon... Je n'ai plus besoin de vous pour l'instant... Je consulterai le document que vous m'avez donné...

quand le courage sera revenu. Allez, allez... Je vous tiens au courant dès qu'Éric aura lu votre recueil, David.

DAVID : *(en croisant les doigts comme par superstition)* Merci, Marthe.

David et Christine prennent la direction de la sortie. David semble tout à coup assez pressé, comme s'il pressentait quelque chose...

MARTHE DORVAL : David ! David !

David et Christine entrent à nouveau.

MARTHE DORVAL : Je ne sais comment... Je suis un peu... nerveuse... David... Moyennant rémunération bien sûr, est-ce que vous accepteriez de... d'écrire pour moi ? *(David encaisse la question.)* Je ne suis pas du tout coutumière de ce... type de collaboration mais... je n'y vois plus clair. Disons... j'ai peur. J'ai peur de ne plus savoir.

DAVID : C'est normal d'avoir peur, non ? On vient de vous renvoyer du... comment... du négatif sur votre texte alors que vous y teniez beaucoup, n'importe qui aurait peur... Mais, en général, lorsqu'on s'y remet, la peur disparaît, n'est-ce pas ? Je ne crois pas que ça soit une bonne idée.

MARTHE DORVAL : Pourtant... Je ne vois pas d'autre solution... Je vous rémunère, bien sûr...

DAVID : Ce n'est pas la question... Je... D'abord, je pense que vous n'avez absolument pas besoin de moi. Ensuite, j'ai... j'ai du travail par ailleurs et... je voudrais plutôt me bagarrer pour être édité et...

MARTHE DORVAL : *(à peine prononcé)* Justement... *(Un temps. Elle le regarde de façon appuyée, qui signifie un peu « donnant, donnant »... Ce regard n'échappe pas à David.)* Faites-le, David... Le sujet vous intéresse ?

DAVID : Oui, oui, oui, bien sûr... Bon... Je vais essayer de m'arranger.

MARTHE DORVAL : Merci. Vous prenez contact avec moi ?

CHRISTINE : Je vous rappelle très vite, Marthe.

MARTHE DORVAL : Merci.

David et Christine sortent. Marthe Dorval reste seule. Elle regarde son texte. Elle semble un peu abattue. Elle allume une cigarette. Elle tourne nerveusement les pages des documents laissés par Christine, sans les lire. Elle se regarde dans la glace et se détourne de son reflet.

Silence.

Rochant entre. Marthe Dorval ne le voit pas.

ROCHANT : J'ai guetté leur départ comme un espion dans un film yankee...

Marthe Dorval : Rochant...

Rochant : J'ai quitté Sommet.

Marthe Dorval : Je sais. C'est stupide.

Rochant : C'est fait, n'en parlons plus. Tu es belle. Tu es splendide... Comment ai-je pu me priver de te regarder pendant dix ans ?

Marthe Dorval : Je suis belle ? Maintenant ? Là ?... Rochant, soit tu es flatteur, soit tu es amoureux.

Rochant : Amoureux.

Marthe Dorval : Philippe, je suis laide, tu ne vois pas ? Je suis une femme qui se répète, qui radote ses vieilles théories comme si elles étaient des scoops. Le désir me quitte. Je suis fatiguée.

Rochant s'approche de Marthe, lui caresse le visage. Marthe prend sa main et l'embrasse.

Marthe Dorval : Tu m'as pardonné ?

Rochant : Quoi ?... Ah oui !... Je ne peux pas faire autrement.

Marthe Dorval : Ah bon...

Rochant : Parce que je ne veux plus te perdre. Alors je pardonne.

Marthe Dorval : C'est moi qui me perds, Rochant.

Rochant : Non, puisque je suis là ! N'est-ce pas ? N'est-ce pas que j'ai une présence rassurante, un buste solide à t'offrir, un portefeuille convaincant ?... Toutes mes maîtresses, ou presque, sont sensibles à ces arguments. Pas toi ?

Silence de Marthe.

Rochant se dirige vers le juke-box et fait une programmation.

Rochant : Une bonne vieille valse ! Simple et fluide comme dans la jeunesse de nos parents ! Vous dansez ?

Rochant se dirige vers Marthe et l'invite. Elle se laisse faire.

Rochant : Laisse-toi guider... Tu n'as qu'à me suivre. Laisse-toi guider.

Rochant et Marthe dansent tendrement.

Rochant : Marthe ?... Je crois que je suis heureux. *(Ils dansent encore.)* Marthe ?... Je suis heureux.

Marthe Dorval : Je suis dans tes bras comme dans un rêve, Rochant.

Ils valsent. Un instant, Marthe se laisse vraiment aller dans les bras de Rochant. Puis elle s'agite, son regard se disperse.

Rochant : Qu'est-ce qui ne va pas ? Tu as encore un secret terrible à me révéler ? Ah, je sais ! Tu as un enfant caché avec Sommet et tu ne sais pas comment me demander de l'adopter, c'est ça ?

MARTHE DORVAL : Quelle vie exaltante !

Rochant et Marthe Dorval rient. Il la fait tourner de plus en plus.

MARTHE DORVAL : Je suis ivre ! J'adore ! Je suis ivre !!!

Ils perdent l'équilibre. Rochant alors s'assoit à la place où était Marthe Dorval. Les deux écrivains rient encore, en se tenant la tête. Après un temps, Rochant voit les feuillets du roman sur la table.

ROCHANT : Je peux ?

Marthe Dorval acquiesce avec désinvolture. Rochant lit quelques lignes. Il passe vite feuillets après feuillets.

ROCHANT : *(un peu dans sa barbe)* C'est très bien mais...

MARTHE DORVAL : Mais ?

ROCHANT : C'est trop introspectif ça pour un début de roman...

MARTHE DORVAL : Pardon ?

ROCHANT : Comme ça, rapidement, tu as commencé ton livre par le deuxième chapitre, non ? Qu'est-ce qu'il t'a dit, Éric ?

MARTHE DORVAL : Éric m'a dit que ça n'allait pas et qu'il fallait qu'on se voie pour en parler ! Voilà.

ROCHANT : Et c'est pour ça que ma splendide Marthe Dorval va mal ! C'est pour ça que tu es sombre, malgré nous, malgré moi !

MARTHE DORVAL : J'encaisse mal.

ROCHANT : Tu as tort.

MARTHE DORVAL : Je suis ramenée à mes démons de petite fille. Le sentiment d'usurper ma place. C'est usant.

ROCHANT : Conneries, ça. Tu vas reprendre ton texte et puis c'est tout. Tu sais ce que c'est que de travailler, Marthe, alors tu vas travailler. C'est tout, c'est tout ! On dîne ensemble, ce soir ?

MARTHE DORVAL : Si tu veux. J'avais un dîner avec... heu... mais... j'annulerai.

ROCHANT : Voilà. Et demain ?

Sourire de Marthe Dorval.

MARTHE DORVAL : Plus j'avance dans ma vie professionnelle, plus j'ai l'impression de me trahir Plus je m'approche de ce que j'ai toujours rêvé de faire, de dire, d'exprimer, plus je m'éloigne de moi. Ceux qui m'entourent deviennent des dangers. Soit trop flatteurs, soit trop proches et choisissant de me dévaloriser, comme Éric par exemple, pour que je ne prenne pas la grosse tête. Je ne sais plus où est le centre. Je n'ai plus de sensations justes à propos de mon métier. J'ai de vieilles convictions auxquelles je m'accroche comme à un fil fragile. Plus je donne l'apparence de solidité, moins j'ai d'équilibre. J'ai peur, Philippe. À chaque fois que je pense à l'avenir, je surprends le mot « peur ». Il hante mon vocabulaire, il l'envahit doucement. Je ne peux pas lutter.

ROCHANT : Parfait ! Tout ce que tu me dis là est parfait !

MARTHE DORVAL : Non ce n'est pas parfait. C'est lourd. Depuis 10 ans, le chemin n'en finit pas d'être escarpé, pentu. Chaque difficulté en cache une autre que je ne soupçonnais pas. Je suis discrète, je ne dis rien, le pas faussement léger, le sourire champagne... Bluff ! J'ai besoin d'aide. Je n'arrive plus à me porter toute seule.

Temps

Je ne vais pas écrire ce roman.

ROCHANT : Comment ça ?...

MARTHE DORVAL : J'ai demandé à David Karrer de... de l'écrire pour moi... Enfin, avec moi, disons.

ROCHANT : Pardon ?

MARTHE DORVAL : Il a eu un excellent diagnostic et puis... je préfère. J'ai besoin d'être assistée, je n'ai pas envie de ne pas savoir. Je n'ai plus la force de ne pas savoir, tu me comprends, Rochant. D'être remise en cause à mon niveau c'est... c'est intenable.

ROCHANT : *(en colère)* Tu as un « niveau », toi, Marthe ? Tu le mesures à quoi ? Au nombre de lecteurs que tu as, au pognon que tu te fais en droits d'auteur ?! C'est quoi cette histoire de niveau ? C'est parce qu'on commence un peu à te reconnaître dans la rue que tu as un « niveau » ?! Regarde David Karrer justement, il écrit des textes magnifiques, c'est quoi son niveau ?? Marthe, il est hors de question que tu prennes un « nègre », tu vas écrire ce roman, et tu vas pas nous faire chier !

MARTHE DORVAL : Je ne peux pas écrire, j'ai peur !

ROCHANT : Eh bien, cesse d'avoir peur ! Je t'aiderai, moi, s'il faut, je te lirai, je te l'ai proposé déjà... Mais il est hors de question que quelqu'un écrive à ta place !

MARTHE DORVAL : Tout a l'air simple pour toi, Rochant ! Écrire, aimer, quitter ton éditeur, en trouver un autre ! Alors forcément tu distribues tes conseils à tout le monde !

ROCHANT : Il n'y a qu'une chose qui ne soit pas simple pour moi dans la vie : c'est crever ! Tout le reste est littérature ! *(Un temps.)* Tu vas écrire ce roman.

Un temps.

MARTHE DORVAL : Non. Je n'ai pas envie de rendre ma copie chapitre après chapitre comme un scénariste à sa chaîne. Je suis un écrivain adulte. J'ai envie d'écrire librement. Alors, je fais écrire mon premier roman, il a du succès, et j'écris le deuxième confortablement assise sur ce succès, et on me fiche une paix royale ! Comme pour mes essais. Voilà ce que je vais faire.

ROCHANT : Tu sais ce qui va se passer si tu fais ça ?

MARTHE DORVAL : Oui.

ROCHANT : Au deuxième roman, tu vas avoir peur de ne pas faire aussi bien qu'au premier, alors tu vas le donner à écrire à quelqu'un d'autre, et au troisième tu feras la même chose et en plus tu vas te remettre à boire. Et non seulement ton œuvre sera gâchée, mais tes dernières années de vie aussi ! *(Toujours calmement.)* Voilà ce que je te propose : tu quittes Éric, ton éditeur. C'est terminé avec lui, il te connaît trop. Je t'emmène avec moi au Seuil ou ailleurs, et j'exige qu'on te laisse écrire tranquillement ton texte. À côté de ça, je te lis, je t'aide, je te guide. Ça ne se discute pas.

MARTHE DORVAL : Je ne peux pas comme ça...

ROCHANT : Ça ne se discute pas, j'ai dit !

MARTHE DORVAL : Éric ne va pas apprécier... Il est...

ROCHANT : Mais toi, est-ce que tu apprécies ?

Un temps.

MARTHE DORVAL : Est-ce que tu m'aimes, Rochant ?

ROCHANT : Je crois que je n'ai jamais aimé que toi...

MARTHE DORVAL : Moi aussi...

Marthe se dirige vers Philippe Rochant, se blottit dans ses bras. Ils se serrent très fort l'un l'autre.

ROCHANT : Tu vas faire ce que j'ai dit ?

MARTHE DORVAL : Oui. Tout.

Noir.

QUATRIÈME MOUVEMENT

Même décor. Il y a sur la table un seau avec une bouteille de champagne ; à côté, plusieurs jus de fruits.

Christine et David sont tous les deux debout, nerveux. David lance plusieurs fois la boule dans la roulette sans jamais regarder le résultat.

DAVID : Il ne t'a pas dit pourquoi il voulait nous voir ?

CHRISTINE : Non, je sais que Marthe Dorval sera là aussi mais...

DAVID : Il a fait commander du champagne. C'est plutôt bon signe, non ?

CHRISTINE : C'est ce que je me dis aussi. Cette fois, si on a une réponse positive de l'éditeur de Marthe, on essaie d'obtenir au moins un engagement moral ferme parce que sinon...

DAVID : Oui, on n'en finit plus...On est tellement blindés qu'on va finir par douter de notre propre collaboration !

Ils rient.

CHRISTINE : C'est vrai, quoi ! On n'a pas de contrat tous les deux !?!

David regarde le champagne et s'épate de la marque. Christine regarde l'heure.

Bruits de pas. David et Christine prennent une attitude solennelle.

Rochant entre. Il se dirige d'un pas franc vers Christine et David qu'il salue.

ROCHANT : Bonjour Christine, bonjour David. Ça va ? Marthe n'est pas là ?

CHRISTINE : Non, pas encore.

ROCHANT : C'est parfait. Christine, vous avez votre carnet ? Vous pouvez noter, s'il vous plait ? *(À David :)* Ça ne sera pas long. Il faut absolument que je note ça sinon... Vous savez ce que c'est...

David acquiesce. Christine a sorti son carnet. Tout en dictant, Rochant marche, s'assoit, regarde les objets, les bouge, se regarde dans le miroir. Il est complètement pris par ce qu'il dicte. Il prend son temps, cherche le mot juste, se laisse émouvoir. Christine note. David écoute. D'abord nerveusement, puis il se laisse gagner par le récit de Rochant. Il est touché.

ROCHANT : " J'avais 8 ans. Et à cette question de ma mère : " Dis-moi Philippe, quel est ton plus lointain souvenir ", j'ai été saisi. Que voulait-elle ? Que fallait-il que je lui raconte ? Je cherchais, vite vite dans ma tête, j'essayais de convoquer mes souvenirs d'enfance, des images solides, des mots irrésistibles à opposer à sa question. Mais, c'était le vide, je ne voyais que des souvenirs ternes, sans saveur, blancs, qui allaient forcément la décevoir, qui n'étaient pas à la hauteur du fils qu'elle espérait.

Elle me dit, avec une vraie douceur : « Philippe, voyons, tu n'as pas de souvenirs ? – Si, lui dis-je. – Eh bien, reprit-elle, tu ne veux pas me raconter ? – Si, bien sûr que si ! » Alors j'ai inventé ! J'ai inventé un souvenir que je datais vaguement de l'âge de cinq ans. Il était question d'un vieux monsieur ridé, devant sa porte, à qui je disais : « toi tu es vieux, tu vas mourir bientôt. » Il me répondait : « Ah non, jeune homme, je suis déjà mort. » Je lui demandais : « tu es un fantôme ? » Il rétorquait :« je suis toi, dans quelques années, et je te regarde » et le vieil homme fermait sa porte.

Cette histoire a beaucoup intrigué maman et ce souvenir « bidon » a fait le tour de la famille, déformé, transformé, magnifié comme une légende. L'écrivain et le menteur étaient nées. *(Un temps. Il laisse l'écho de son histoire se faire... Puis :)* Vous ponctuerez, Christine, vous savez à quel point je me fous de la ponctuation. Qu'elle soit logique, comme d'habitude. Marthe n'est toujours pas là ?

DAVID : Heu... Non.

ROCHANT : *(agacé)* Bien. *(À Christine :)* Notez. *(Pour les quelques lignes qui suivent on doit sentir que Rochant est nettement moins inspiré, qu'il dicte pour ne pas avoir à faire la conversation.)* L'enfance nous poursuit. Elle est... une emmerdeuse... Une femme poisseuse... *(Air surpris de David au mot « poisseuse ».)* mais... mais aussi un... un point de mire ! ... En effet l'enfance est derrière nous, mais tout aussi étrange que cela puisse paraître, c'est elle que l'on regarde pour avancer !... *(Rochant regarde sa montre.)* Elle est... elle est...

Marthe Dorval entre.

MARTHE DORVAL : Rochant, pardon ! *(À David et Christine :)* Rochant déteste attendre, de même qu'il déteste faire la conversation en attendant...

ROCHANT : Bon, bon... C'est bien... *(Fait un baise-main à Marthe.)* Marthe... Bien. Christine, vous mettrez ça à la suite du deuxième cahier, d'accord ?

CHRISTINE : Bien, monsieur Rochant.

Un temps.

ROCHANT : Alors, à nous ! Prenez place peut-être... Vous voulez boire ? Vous avez soif ?... Jus de fruit, ça va ?

Regard de Christine et David.

TOUS : Oui... Merci...

ROCHANT : (*Il sert le jus de fruit dans chaque verre.*) Alors, comment allez-vous ?... Ça va ?

DAVID : Ça va, merci...

CHRISTINE : Bien. Un peu fatiguée mais... bien.

MARTHE DORVAL : Ah bon ? Vous êtes fatiguée, Christine ?

CHRISTINE : Oui, enfin... Normalement fatiguée...

MARTHE DORVAL : C'est important de savoir s'arrêter de temps en temps, n'est-ce pas ?...

CHRISTINE : Oui. Mais vous savez, moi les vacances...

MARTHE DORVAL : Oui... Moi non plus... Rochant non plus d'ailleurs... Et vous, David ?...

DAVID : Hein ? Heu... Non plus...

Un temps. Les verres sont pleins. Ils boivent.

ROCHANT : David, j'ai lu votre recueil de nouvelles, c'est... vraiment intéressant. Je n'aime pas tout mais tout est de qualité...

DAVID : Merci...

ROCHANT : Oui, mais alors, pour le coup, la nouvelle ce n'est pas du tout au goût du jour. Très difficile d'éditer de la nouvelle. Il n'y a pas de lecteurs !

MARTHE DORVAL : Ça revient un peu...

ROCHANT : Oui, mais alors doucement, doucement... C'est comme la poésie.

DAVID : Mais vous disiez l'autre jour que la poésie...

ROCHANT : Oui. Je sais ce que j'ai dit. Mais il ne faut pas exagérer quand même. Il en a pensé quoi notre agent commun, Jérôme Auclair ?

DAVID : Je ne sais pas.

ROCHANT : Vous lui avez donné à lire ?

DAVID Ah oui ! Simplement je... je n'arrive pas à le joindre.

MARTHE DORVAL : Il faut réessayer avec Jérôme, c'est bien connu !

DAVID : Oui, non, mais là... j'ai dû l'appeler quinze fois... vingt fois... Je ne sais plus, alors... Bon.

ROCHANT : C'est dommage, ça...

DAVID : Mh... Je réessaierai peut-être... Je ne sais pas... Je... Je comprends pas bien.

CHRISTINE : C'est vrai qu'on a un peu de mal à comprendre en ce moment...

DAVID : Ou bien... Disons qu'on n'a pas trop envie de comprendre...

Un temps.

ROCHANT : Bien. David, j'ai voulu vous voir parce que... je sais que Marthe vous a fait une proposition de travail à laquelle vous avez eu la gentillesse de dire oui, mais je lui ai interdit de travailler de cette façon. Vous voyez pourquoi, je n'ai pas besoin de vous faire un dessin ?

DAVID : Oui. Mais il n'y pas de problème, moi-même je... je lui ai dit qu'elle n'avait pas besoin de moi. Je le lui ai dit, alors...

MARTHE DORVAL : *(à Christine)* Je suis comme une petite fille à qui on interdit encore des choses.

ROCHANT : *(à David)* Je sais. Je sais. Mais cela a... comment dire... une autre conséquence. Je ne voulais pas que Marthe soit prisonnière de sa maison d'édition, qu'elle soit obligée de rendre des comptes à qui que ce soit. Je lui ai donc proposé de venir avec moi au Seuil. Je m'arrangerai pour qu'elle ait carte blanche ! Il me semble quand même qu'après le prix Émile Zola, on lui doit bien ça.

David et Christine sont tétanisés.

CHRISTINE : Vous avez eu... une réponse du Seuil ?

ROCHANT : Oui, oui. Suite à votre message, ils m'ont appelé directement. Tout va bien. Ce n'est plus qu'une question de « termes ». Donc, Marthe, qui est une femme tout à fait attentive... beaucoup plus attentive que moi, au demeurant, beaucoup plus... consciente des êtres qui l'entourent, a tout de suite pensé à vous et à la promesse qu'elle vous avait faite de donner votre texte à lire. Il est évident que ce n'est plus possible. Éric ne le lirait même pas, de toute façon. Il est très susceptible et le départ de Marthe est une catastrophe pour lui. Affectivement, professionnellement... Bref. À mon avis, si vous allez le voir de la part de Marthe, vous êtes grillé. Bon. Et comme je suis responsable de cette situation, j'ai promis à Marthe que j'assumerai cette décision devant vous. Voilà.

CHRISTINE : Ça veut dire que... Éric ne lira même pas le texte, donc ?

ROCHANT : Oui, c'est ce que ça veut dire.

DAVID : Mais alors, qu'est-ce que... je peux faire ? Si ni Sommet ni Éric...

ROCHANT : Je ne sais pas, moi... Il faut vous bagarrer. Il faut repartir au front... Si vous tenez à... à être édité bien sûr. Car on peut très bien être écrivain sans être édité !

DAVID : Mais... vous deux, vous...

ROCHANT : C'est compliqué pour tout le monde, David ! La vie change pour nous aussi. Nous allons devoir convaincre notre nouvel éditeur, écrire beaucoup, travailler beaucoup. Pour ma part, j'ai... j'ai une commande d'un texte pour une université américaine, tout à fait passionnante et... bien payée. J'ai mes cahiers. Les préfaces, les articles réguliers qu'on me demande. J'ai beaucoup de travail. Non, si tout s'était bien passé avec Sommet, c'était simple. D'ailleurs, je l'ai fait, vous avez bien vu ! Mais je ne peux pas me mettre à démarcher pour vous.

MARTHE DORVAL : Nous avons chacun nos priorités. Et pour moi, vous le savez, David, c'est mon roman. J'en rêve depuis mes dix ans. J'ai d'abord étudié longtemps pour ne pas l'écrire, et puis j'ai été professeur à l'université pour ne pas l'écrire, ensuite j'ai rédigé des essais à tout va, et puis j'ai bu à n'en plus pouvoir ! Tout ça pour fuir cette chose immense et obsessionnelle : écrire un roman. J'en ai tellement peur que j'ai même pu vous faire cette proposition absurde ! J'en suis désolée. Mais rien ne doit plus passer avant ça pour moi. Je ne peux plus m'accorder aucune fuite... Ou bien je ne l'écrirai jamais. Jamais. *(Réaction de David.)* Et puis... pas de fausse pudeur entre nous. En cet instant, je... je privilégie aussi ma vie de femme. Nous avons perdu du temps, Rochant et moi... beaucoup de temps. Nous n'avons pas votre âge. *(Nouvelle réaction agacée de David.)* Je... Je n'ai pas la force de partager votre désarroi, David, mais sachez que je le comprends. Je l'ai ressenti cent fois, mille fois, en espérant que ce soit la dernière. Ce n'est jamais la dernière fois. Ou bien alors c'est que la faucheuse est dans le secteur !

CHRISTINE : Mais vous... Vous le soutiendrez s'il trouve un autre éditeur ?

ROCHANT : Oui, bien sûr ! Vous me donnerez le texte à relire à ce moment-là mais... non, sur le principe il n'y a aucun souci.

CHRISTINE : Même si c'est un... tout petit éditeur.

ROCHANT : Pourquoi pas ?... C'est à voir... Pourquoi pas ?

DAVID : Mais je ne trouverai pas d'éditeur ! C'est évident ! Je suis seul, je ne suis pas soutenu, je suis nul, en plus ! Pour convaincre ! Insister ! Appeler quinze fois Jérôme Auclair pour mendier un rendez-vous... C'est vain ! Je ne sais plus, là...

MARTHE DORVAL : Il faut tenir le coup, David. C'est aussi ça qui fait la différence. Et puis vous n'êtes pas seul. Nous avons lu, nous avons aimé, c'est une pierre qui s'ajoute à votre édifice.

David semble abattu. Rochant regarde Christine.

ROCHANT : Vous avez demandé à Sommet s'il voulait l'éditer ?

CHRISTINE : Oui, nous avons... laissé un message.

ROCHANT : Il n'a pas rappelé ?

Christine semble hésiter. Apparemment, David n'est pas au courant de cette démarche... David le sent.

DAVID : Vas-y, Christine...

CHRISTINE : Disons que... Il a fait appeler son assistante. Il dit qu'il a toujours été clair. Il n'édite David que si vous êtes le parrain officiel de l'œuvre. Sans vous, il ne peut donner suite au projet.

DAVID : Et voilà...

ROCHANT : Mais enfin il aime ou il aime pas ?! C'est vraiment un con ce mec, il a besoin de moi pour baiser ma femme, il a besoin de moi pour éditer un artiste ! Il veut m'épouser ou quoi ?! Franchement, Marthe... Il fait un transfert sur moi, là ?! Ne regrettez rien, David, c'est un con ! Il vous aurait changé votre texte, il aurait mis le dernier mannequin à la mode sur la pochette de votre recueil pour vendre plus !

DAVID : En attendant, il n'y a rien sur la pochette de mon recueil puisque de toute façon il n'y pas de pochette puisqu'il n'y a pas de recueil !

MARTHE DORVAL : Les choses sont simplement retardées, David. Patience...

CHRISTINE : Je connais un petit éditeur à Lyon, Les Enfants du Style, vous pourriez nous soutenir là-bas ?

MARTHE DORVAL : Les Enfants du Style ? Je ne connais pas. Tu connais, toi, Philippe ?

ROCHANT : Non. Ils éditent qui ?

CHRISTINE : Des auteurs inconnus... Ils n'ont pas beaucoup de moyens...

ROCHANT : Oui, eh bien... on verra, on verra...

DAVID : Vous avez dit tout à l'heure que même un petit éditeur... ?

ROCHANT : *(sec)* Eh bien je dis « on verra, on verra ». Voilà.

Christine : Ça suffit ! Marthe, Philippe, ça suffit ! Vous ne pouvez pas nous aider, ce n'est pas grave, mais au moins...

Rochant : Au moins... ?

Christine : Je ne sais pas, moi ! Vous êtes en train d'apprendre à un enfant que le Père Noël n'existe pas, et vous avez l'air de l'engueuler ! On dirait que c'est de sa faute !!

Rochant : Christine, je ne vous reconnais pas...

Christine : Je suis en colère, vous m'avez mise en colère ! J'aime ce que David écrit, je voulais l'aider, pas l'abattre !

Marthe Dorval : Ne vous inquiétez pas, Christine. Nous nous sommes tous remis d'échecs cuisants qui nous paraissaient insurmontables et...

Christine : Peut-être, mais en attendant, il est comme... comme un con maintenant, avec ses rêves que je lui ai mis dans la tête. Je n'aurais jamais dû...

David : C'est bon, Christine, je m'en remettrai.

Christine : Non, tu ne t'en remettras pas !

Rochant : Ça, ce n'est pas très aimable...

Christine : Mais c'est vrai ! On ne se remet pas d'un rêve qui a trébuché, comme dit David. On trouve d'autres chemins pour l'atteindre peut-être, mais on s'en souvient toujours, et ça fait mal toujours. Je le sais, j'ai failli être danseuse classique quand j'avais quinze ans, j'ai failli intégrer un corps de ballet et ça ne s'est pas fait, par hasard... Eh bien, même si j'adore mon travail aujourd'hui, vraiment, je ne peux pas y penser sans un pincement. Je n'en suis pas remise.

Rochant : Bon, Christine, vous voyez bien que les circonstances ne sont pas bonnes ! Que nous n'y sommes pour rien dans tout ça, non ? Qu'est-ce que je peux faire de plus ? Je suis écrivain moi-même, je ne suis pas un saint-bernard !

David : Vous... vous aviez dit que vous ne pouviez pas... imposer un auteur avant deux ou trois ans à votre nouvelle maison d'édition...

Rochant : C'est vrai, je le maintiens.

David : Oui mais... excusez-moi, hein... mais tout de même, vous imposez Marthe Dorval... Non ?

Rochant : Mais ça n'a rien à voir, David, ne confondez pas tout ! Marthe Dorval vient d'avoir un prix, elle a des lecteurs, je n'emmène pas n'importe qui !

DAVID : Oui, bon, c'est bien ce que je dis, c'est parce qu'elle a un nom ! Vous ne favorisez pas la littérature, vous favorisez les... les facilités de transactions...

Un temps. Rochant hésite entre la colère et la patience.

ROCHANT : Avant toute chose, petit merdeux, je favorise un auteur de talent, et la femme que j'aime ! Je ne suis pas mécène, je ne suis pas éditeur, si j'avais pu vous aider je l'aurais fait, c'est elle que je peux aider, je l'aide.

DAVID : Oui.. Eh bien moi... comme dit Christine, je reste là « comme un con »...

ROCHANT : Eh bien ça vous passera !

Un temps.

MARTHE DORVAL : Je ne vais pas vous dire, David, que nous ferons le maximum pour vous, d'ailleurs je ne vais rien vous dire parce que vous entendez tout, vous prenez tout « à la lettre », alors que finalement ce ne sont que des mots. De vagues mots d'oralité lancés dans l'air pour se rassurer, pour se donner de l'importance. Rochant a raison. Nous sommes comme vous, David. Nous essayons de vivre le mieux possible et de crever le plus tard possible. C'est tout.

CHRISTINE : Ça veut dire que David ne peut pas compter sur vous ?

MARTHE DORVAL : Nous sommes de bonnes nouvelles potentielles de plus. Rien d'autre.

CHRISTINE : C'est dur... enfin... sévère.

MARTHE DORVAL : *(très sereine)* Je ne crois pas. C'est ainsi. C'est rien. C'est sans importance...

Regard de Rochant et Marthe. Rochant ramasse ses affaires.

ROCHANT : Bien. Je suis très heureux d'avoir fait votre connaissance, David. Je serai... très peiné si vous ne me teniez pas au courant de vos écrits.

DAVID : Ah bon ? Eh bien, tenez... Je suis justement en train d'écrire un roman rose pour Solange Castella, ça vous intéresse que je vous l'envoie ? J'en suis au passage où ils ne s'aiment plus alors c'est un peu...

CHRISTINE : David...

DAVID : ... la panne. Parce qu'ils ne s'aiment plus ensemble, vous voyez... Si au moins ils ne s'aimaient plus en décalé, ça serait plus simple. Mais là, ils ne s'aiment plus, ils ne s'aiment plus. C'est un cul-de-sac, non ? J'écris aussi un polar pour... pour un type, je ne sais même plus son nom.... Et j'ai un mal fou à décrire les jambes de la pute Paméla. Parce que j'ai... j'ai toujours tendance à les comparer à... à des compas... ou à des ciseaux... J'ai tenté de les comparer à des cuisses d'albatros mais... c'est pas passé ! Vous auriez pas une petite solution pour moi ?! Et alors le scénario de la BD porno, là, je suis... à sec. Il l'a déjà prise dans tous les sens et... je suis à court d'idées... Je vais peut-être faire intervenir un... un extraterrestre... qui se mêlera à l'histoire un petit peu parce que... on s'ennuie, on s'ennuie !! Enfin, si vous avez des idées, n'hésitez pas... franchement... Votre expérience sera précieuse, hein...

Rochant et Marthe choisissent de sourire.

ROCHANT : Au revoir, David.

DAVID : Non ! Non pas au revoir ! hein ? Parce que... c'est vrai quoi. Vous pouvez bien m'écouter un peu non ? Je mérite bien ça quand même ! Votre écoute précieuse. Parce que tout est précieux chez vous, votre écoute, votre temps, votre avis, vos relations... vos... Christine aide-moi...

CHRISTINE : *(mi gênée, mi-amusée)* David ça ne sert à rien.

DAVID : Voilà ! Quand je parle moi, ça ne sert à rien ! Alors que... que... hein ? quand c'est vous qui parlez... Ca sert à quelque chose, hein ? Et bien ça ne me plait pas ça ! Ca ne me plait pas ! C'est tout. Merde.

Rochant s'approche et lui serre la main. Marthe l'embrasse.

ROCHANT : Vous vous souvenez de ce que je vous ai dit la première fois qu'on s'est vus ? *(David ne veut pas répondre, il semble très vexé.)* Vous vous en souvenez ?

DAVID : « Écrivez... Écrivez... Écrivez... »

ROCHANT : Bravo. Vous avez retenu l'essentiel. Christine, on se voit demain ?

CHRISTINE : Oui, monsieur Rochant.

MARTHE DORVAL : Ah, Christine, si vous pouviez me chercher un texte sur la notion de cycles en mathématiques. Enfin de séries... Vous voyez ce que je veux dire ?

DAVID : *(dans sa barbe à Christine)* je t'expliquerai... Les séries, les cycles, je t'expliquerai !

CHRISTINE : Oui, Marthe. Je m'en occupe.

MARTHE DORVAL : Merci. Vous êtes un ange. Au revoir, David. Gardez le regard loin.

Rochant et Marthe Dorval sortent.

David attend quelques secondes puis il entre dans une rage folle.

DAVID : Merde ! Merde ! Merde ! Merde !

Il donne des coups de pied dans le juke-boxe, dans la table, il frappe les murs.

DAVID : Qu'est-ce que j'ai fait de mal, qu'est-ce que j'ai fait qu'il ne fallait pas faire, qu'est-ce que j'ai dit qu'il ne fallait pas dire !!?

CHRISTINE : Rien, David...

DAVID : Si. Forcément c'est de ma faute ! Quand ça s'acharne comme ça, c'est que forcément...

CHRISTINE : Non, c'est stupide de dire ça...

DAVID : Regarde, même l'agent n'appelle pas, il doit y avoir un truc en moi, un abonnement à l'échec, un... je sais pas, moi... Faut que je me fasse psychanalyser ! Merde, merde, merde !

CHRISTINE : Tu ne peux pas parler d'échec, ce n'est pas ça...

DAVID : Ça fait mal, Christine, ça fait mal, ça fait mal... Moi, je ne vois plus d'issues, je ne vois plus rien. Tu vois quelque chose, toi ?

CHRISTINE : Oui.

David s'arrête. Il se calme. Il semble vraiment triste.

DAVID : Il n'y a pas de lumière au bout du tunnel, Christine. J'en ai assez, je n'ai plus de courage... Je me déteste, je me sens sale. C'est comme si j'avais fait quelque chose de mal. Comme si d'avoir voulu être au côté de Rochant, dans sa belle maison d'édition, au côté des plus grands, c'est comme si c'était mal. Je me sens puni d'avoir rêvé. Tu me comprends ?

CHRISTINE : Oui.

DAVID : Tu avais raison, je ne m'en remettrai pas. Je me sens transpercé de part en part. C'est une douleur inattendue... Heureusement que je n'avais parlé de ça à personne, sinon il faudrait en plus dire aux gens que ça ne marche pas, que ça ne se fait plus... Je n'en peux plus...

Soudain Christine s'approche de David. Au départ, il ne la voit pas. Puis elle vient très près de lui. David lève les yeux vers elle. Christine, très déterminée, commence à enlever la veste du jeune homme.

DAVID : Qu'est-ce que... Qu'est-ce que tu fais ?... *(Christine déboutonne la chemise de David.)* Non... mais qu'est-ce que tu... ?

CHRISTINE : Rien. J'ai envie de toi.

DAVID : Là... maintenant ? Et... et ton motard ?

CHRISTINE : *(dans un sourire)* On en parle après, tu veux bien ?...

DAVID : *(troublé)* Tu sais que quelqu'un peut entrer à tout moment ?...

CHRISTINE : Et alors ?

DAVID : Oui, et alors... *(Christine continue de déshabiller David.)* Tu sais que je suis un homme défait, malheureux, qui a... heu, disons... enterré l'espoir avec sa hache de guerre...

CHRISTINE : Et alors ?

DAVID : Oui, hein ?... *(Il commence à participer. Ils sourient. Ils s'embrassent.)* Tu es vraiment... « spéciale ».

CHRISTINE : Merci.

DAVID : Tu as envie de moi ? Tu as dit « j'ai envie de toi » tout à l'heure ?

CHRISTINE : Oui.

DAVID : Oui, hein ?... *(Il emmène Christine derrière le juke-box, au cas où quelqu'un entre. Ils reprennent leurs caresses.)* Et depuis quand ?...

CHRISTINE : Longtemps.

DAVID : C'est bien, c'est... pareil que moi, quoi... *(Christine semble touchée. Elle l'embrasse encore.)* Qu'est-ce que c'est bien tes baisers, ta peau, ta tendresse...

CHRISTINE : Oui, hein...

Alors que leur étreinte continue, la porte s'ouvre. David et Christine font silence. Rochant entre. Il regarde autour de lui, rapidement, avec une sorte d'impatience adolescente.

ROCHANT : C'est bon... Ils ne sont plus là...Champagne !

MARTHE DORVAL : J'ai l'impression de revenir sur les lieux du crime! J'ai trouvé ça tellement dur pour David !

ROCHANT : Il a du talent, son heure viendra. Et puis c'est formateur !

Réaction de David. Rochant commence à déshabiller Marthe.

MARTHE DORVAL : Je croyais qu'on devait fêter quelque chose ?

ROCHANT : Plus tard. J'ai envie de toi. Depuis l'instant où j'ai vu ta silhouette, là, *(il montre l'endroit où elle était la première fois)* j'ai envie de toi dans cet endroit.

MARTHE DORVAL : Ah bon?! *(Marthe commence à participer)* Mais le champagne, c'est pour quoi ?

ROCHANT : Tu veux savoir maintenant ?

Marthe Dorval : Je n'ai jamais eu de patience.

Rochant : Je veux t'épouser.

Marthe Dorval : *(émue, dans l'étreinte)* Moi aussi...

David et Christine écoutent toujours. L'étreinte est de plus en plus fougueuse entre Marthe Dorval et Rochant.

Rochant : Tu n'as jamais eu de patience, mais tu as attendu dix ans...

Marthe Dorval : C'est tout ? C'est rien...

Rochant bascule Marthe dans un coin. David et Christine reprenne leur étreinte. Noir.

Fin

Marthe : Tu m'as pardonné ?
Rochant : […] Parce que je ne veux plus te perdre. Alors je pardonne.

Autour de *Traits d'union*

Au premier plan, de gauche à droite : Pascal Vinet, Caroline Silhol, Léa Moussy, Charlotte Kady, Adama Sharre. Au second plan, de droite à gauche : Carine Sarfati, Stéphane Hillel, Bernard Murat, François Marthouret, Myriam Lenoir.

Murielle Magellan, l'auteur

L'accord des contraires

© D. R.

La chevelure qui vole en flammes brunes, l'œil et le nez aquilins, Murielle Magellan respire la passion souriante. Si elle peut apprécier un théâtre au langage brutal, elle sait que sa place est ailleurs : « Je suis dans la descendance de Marivaux et je crois que j'ai une perception tendre, dit-elle. La situation de *Traits d'union* est cruelle, mais le regard reste doux – ce qui n'est pas contradictoire avec la lucidité. Nos violences, c'est un tel mélange d'enfance et d'amour. Autant garder un fond de tendresse ! »

D'où vient cet oiseau rare dont la troisième pièce surgit aux Mathurins dans un éclat certain ? D'une famille qui fut longtemps ancrée en Algérie et où l'on apprenait, de génération en génération, les vertus du travail. Murielle a bien retenu la leçon. Mais quelle voie choisir ? Elle voulait emprunter plusieurs routes. C'est ainsi que, simultanément ou successivement, elle fut étudiante à Jussieu, élève dans une école de chanteurs et apprentie comédienne à l'école du Théâtre de Chaillot. Ses professeurs l'ont marquée : Francis Marmande qui dirigea son mémoire sur Barbara, Francis Morane dans le domaine des variétés et Andrzej Seweryn du côté du théâtre. Ce furent des expériences très nourrissantes. Mais après ?

Murielle se choisit un nouveau nom. Elle remplaça Dbjay par Magellan, en raison du pouvoir d'évocation de ce patronyme, et décida d'écrire une pièce qu'elle jouerait, puisqu'elle ne pouvait compter sur personne. Ce fut *La Saveur subtile des dinosaures* qui, mis en scène par Jean-Yves Simon, fut répétée dans le Théâtre de Massy-Palaiseau et jouée au Théâtre de Nesles. « C'est l'histoire d'une femme qui rencontre deux hommes, dit Murielle. Elle s'aperçoit que l'un et l'autre détiennent des vérités. C'est déjà l'attraction des contraires. Faut-il vivre dans la folie ou dans l'intériorité ? Les deux hommes ont chacun raison. » La pièce n'obtint pas un grand succès, mais, montée avec les moyens les plus restreints, elle ne passa pas inaperçue et resta deux mois à l'affiche.

Cette expérience a appris à Murielle qu'elle aimait avant tout écrire. Elle ne jouera plus mais écrira régulièrement, que ses textes soient joués ou non. Peu après, deux acteurs, Mathilde Wanbergue et Franck Mercadal, viennent lui demander une pièce. « D'accord, répond-elle, à condition que les personnages existent malgré vous. » Ce sera *Pierre et Papillon*[1] qui, sélectionné par Shula Siegfried pour le prix Cinéâtre 13, obtient le grand prix, est apprécié dans le Off d'Avignon, revient au théâtre de Claude Lelouch puis reste plusieurs mois aux Mathurins, grâce à Andrée Zana Murat qui a adoré ce spectacle mis en scène par Christophe Luthringer. « Là aussi, je voulais que les deux personnages disent des choses opposées et aient également raison, précise Murielle. Et qu'ils soient aussi touchants. Entre eux, la rencontre est difficile mais possible, c'est ce qui est drôle et excitant ».

Aux Mathurins, Bernard Murat s'est intéressé à ce jeune auteur. Il demande à Murielle Magellan si elle a d'autres pièces et se passionne particulièrement pour *Traits d'union.* Pas mal de persévérance et un concours de circonstances favorables font que la pièce est montée à la rentrée avec un quatuor idéal : François Marthouret, Caroline Silhol, Stéphane Hillel et Charlotte Kady.

« C'est une pièce sur l'interdépendance de nos vies, dit l'auteur. Comment les choses ont-elles lieu ou n'ont pas lieu ? On dit volontiers : les choses sont en toi, tu les fais venir. Mais non. Parfois des hasards prennent un sens, parfois, ils restent des hasards. Et tout nous échappe. C'est cette part de mystère qui m'intéresse. J'aime cette zone d'ombre où des émotions agissent sur des faits. La pièce parle aussi de la création, du parcours de la création, de ses stades : le doute, la certitude. Tout cela est de la fiction mais c'est un mélange de vécu, d'observation, de plaisir d'inventer. Seule l'émotion n'est pas inventée. Le sentiment d'injustice, qui intervient à un certain moment, cela, je l'ai ressenti ! »

Elle est heureuse de ces quatre comédiens qui ont pris sa pièce en main : « Les acteurs apportent leur « écriture ». Elle me surprend et enrichit la pièce ». Pour Bernard Murat, elle éprouve une vive admiration : « Je lui suis extrêmement reconnaissante. On m'a si souvent renvoyé mes pièces en me disant qu'elles étaient intéressantes et qu'on ne les montait pas. Lui a le courage de monter un auteur peu connu. Il a une vraie intelligence des textes. Il saisit tout ce que la pièce raconte ! Et il dirige les acteurs en apportant beaucoup. »

Murielle Magellan n'est-elle plus que l'auteur qu'elle avait placé au centre de sa vie ? Non, la chanson n'a pas disparu de ses activités. Elle fait des « mises en scène de chanteurs ». Elle dirige Beloeil, Cap au nord (qui, d'ailleurs, chante deux chansons de Murielle Magellan), Jacques Haurogné, David Lafore. « J'ai voulu garder un pied dans le théâtre, confie-t-elle. Diriger des chanteurs, c'est être dans la salle. »

Mais peut-être, dans son œuvre, est-ce son langage théâtral qui chante le plus.

Gilles Costaz

1. *L'Avant-Scène théâtre*, collection des Quatre-Vents.

Bernard Murat, le metteur en scène

Une énergie militante

© Marc Enguerand

Entre Murielle Magellan et Bernard Murat, c'est une vieille histoire écrite en pointillés. En 1990, Murat mettait en scène Isabelle Huppert dans *Un mois à la campagne* et Murielle était alors une petite stagiaire discrète. Puis elle a disparu, voguant à la découverte d'autres horizons avant de réapparaître dans la peau d'un auteur.

Bernard Murat avait entendu parler de sa pièce *Pierre et Papillon* [1] qui s'était fait remarquer dans la jungle du festival d'Avignon en 2002. Séduit à son tour, il l'a programmée dans la petite salle des Mathurins. Et comme décidément il lui trouvait du talent, il a choisi, parmi cinq ou six pièces, *Traits d'union,* « une pièce originale où il est question de la difficulté dans nos sociétés d'être reconnu dans le regard de l'autre. C'est une pièce sur l'altérité. Murielle Magellan écrit un théâtre qui parle de choses essentielles sans pour autant prétendre délivrer un quelconque message, un théâtre qui panse les plaies ». Comme souvent, le metteur en scène a demandé à l'auteur des modifications, des ajustements et ensemble ils ont affiné le texte : « elle en a l'habitude ; à la télévision, où elle travaille beaucoup, on passe le bac toutes les semaines ». Promotion de rentrée inestimable, Murielle Magellan passe de la petite à la grande salle.

On ne pourra plus dire que le théâtre privé ne prend pas de risques. Non seulement Bernard Murat et son associé Jean-Louis Livi programment dans la grande salle des Mathurins un auteur inconnu, certes avec des acteurs qui eux ne le sont pas, mais, à l'affiche de la petite salle, on trouve *L'Autre,* première pièce du jeune romancier Florian Zeller, et *La Rafle du Vel d'hiv*, créée la saison dernière au Lavoir Moderne Parisien. Et ce ne sont pas les vedettes qui attireront le public pour venir voir ce spectacle de qualité qui traite d'un épisode sombre de notre histoire. Cette petite salle, que tout le monde lui conseillait de fermer, est aujourd'hui

Lunes de miel de Noël Coward, adaptatée par Éric Emmanuel Schmitt, mise en scène par Bernard Murat, au Théâtre Édouard VII, en 2004. (© Brigitte Enguérand)

sous la protection du fonds de soutien du théâtre privé.

Bernard Murat accepte difficilement de le reconnaître, mais il est clair qu'Édouard VII fait vivre Les Mathurins. Et ce n'est pas faire injure à ces spectacles dont les affiches prestigieuses remplissent la salle et la caisse et qui permettent ainsi de donner leur chance à des talents inconnus : « *L'Invité* [2] qui avait trouvé son public à Édouard VII est passé aux Mathurins qui, à ce moment-là, avait besoin de ce soutien. » Bernard Murat revendique l'héritage d'artistes comme les Pitoëff ou Albert Camus qui ont fondé son histoire personnelle et celle des Mathurins, depuis toujours consacrées à la création.

En janvier, on y découvrira la première pièce de deux jeunes auteurs. Fidèle à Jouvet qui érigeait en devise l'éloge du désordre, il défend le principe de choix hétéroclites, et il ne faudrait surtout pas insinuer que l'un n'aurait qu'une fonction aveugle de financement de l'autre. Le directeur déplore les difficultés rencontrées dans la gestion des théâtres privés qui tiennent essentiellement aux conditions d'engagement : « un des problèmes cruciaux c'est que tous les coûts sont surévalués. Certains artistes demandent des cachets exorbitants, et ce ne sont pas les vedettes qui coûtent le plus cher, car elles sont au pourcentage. »

Sans compter la difficulté pour trouver des textes de qualité. Murat se montre bien pessimiste quand il fait le constat d'un effritement du goût du public, d'une dégradation des spectacles trop nombreux qui proposent « des *ersatz* du loft, des métastases insidieuses du boulevard », d'un théâtre qui, le plus souvent, « est verbeux et ne fait plus sens ». Ce qui ne l'empêche pas de s'enthousiasmer au premier soupçon de qualité détectée dans un texte ou un spectacle au point de le programmer dans son théâtre et de le mettre en scène lui-même.

Serait-ce qu'il a gardé au cœur quelque chose de l'énergie de sa jeunesse militante ? Il s'enflamme vite quand on évoque la question délicate du statut des intermittents. Pour lui, il ne faut pas craindre de faire table rase de l'existant pour reconstruire, mais le scandale des scandales reste le problème des auteurs qui n'ont pas accès aux indemnités de l'Assedic au nom du droit d'auteur. S'il y a pléthore d'artistes, ce n'est pas une raison pour faire des coupes claires et frapper les plus vulnérables. Et, pour travailler au renfort des digues, il mijote depuis quelque temps un projet qui permettrait d'ouvrir en été, de juin à septembre, les salles aux jeunes compagnies, aux artistes en mal de visibilité, aux spectacles qui n'ont pas eu assez de temps pour se faire connaître. Pour ce faire, il faudrait créer une association entre une dizaine de théâtres, publics et privés confondus, et imaginer un conventionnement avec la Mairie de Paris comme partenaire.

Rien à dire, l'idée tient la route et on ne peut que souscrire à un projet qui rendrait vie au désolant désert théâtral de l'été. Pourtant il semblerait que, pour le moment, elle n'ait rencontré aucun écho. Mais l'homme est têtu et n'est pas de ceux qui renoncent devant l'obstacle.

Corinne DENAILLES

1. Édité par *L'Avant-Scène théâtre* dans la collection des Quatre-Vents.
2. *L'Avant-Scène théâtre* n°1149.

Caroline Silhol, MARTHE DORVAL

Dans sa loge du Théâtre des Mathurins, avant la reprise des répétitions, nous avions très peu de temps. Une grosse demi-heure, c'est bien court pour faire la connaissance de quelqu'un. D'emblée j'aimais ce magnifique turban bleu ciel qui accentuait les traits racés de son visage fin. Je lui demandai si elle connaissait la technique d'investigation des romans policiers anglais, la technique dite des « cinq W » : Who, What, Where, When, Why ou comment en cinq questions éclaircir au mieux une énigme. Le jeu eut l'air de lui plaire, elle qui avoue ne pas beaucoup aimer cet exercice un peu forcé des interviews, ce qu'elle nommait dans un sourire « les à-côtés du métier. »

Who / Qui ?

« Qui je suis ? J'ai deux enfants. Et l'accouchement est peut-être le seul moment de bonheur totalement pur dans une vie. Bien sûr, on a d'autres bonheurs dans l'existence, mais ils sont toujours entachés par des pollutions diverses. C'est pour cela que je fais ce métier. La vie conventuelle – pour ne pas dire mystique – du théâtre ou du tournage me calme. On n'est pas encombré de tout ce qui n'est pas passionnant, on est recentré sur ce qui vous fait vibrer. J'essaie de choisir des pièces qui soient résonnantes mais pas trébuchantes et c'est parler de moi que de dire cela. »

When / Quand ?

« Le temps est effectivement une notion intéressante dans notre métier. On a une capacité extra-humaine à raconter un temps irréaliste aux gens. Allonger, raccourcir, c'est une forme de pouvoir qui me sied plus que le pouvoir politique. Je n'ai jamais porté de montre de ma vie et je ne veux pas être assujettie au temps biologique. Je fais ce métier depuis longtemps, je ne compte plus désormais. Et je pense jouer jusqu'au bout. C'est une des formes de liberté de cette profession. Personne ne va vous dire de vous arrêter de travailler. Mais je peux aussi décider de changer de métier, d'aller m'occuper d'enfants par exemple. Je n'ai aucun immobilisme, aucune attache matérielle, c'est une de mes seules qualités. »

Where / Où ?

« Où j'aime vivre ? À la campagne, ce qui est totalement antinomique avec notre travail. J'aime voir les arbres en me levant. J'ai alors, moi qui suis très anxieuse, une sorte de quiétude, de calme. Dans les tournages, j'adore partir à l'autre bout du monde, cadeau de ce travail. Dans les théâtres, il y a une forme de voyage intérieur avec tous ces gens nouveaux, chaque soir. On demande souvent à un marin si prendre la mer tous les jours ce n'est pas lassant. Le théâtre c'est la même chose, la mer et le public ne sont jamais semblables. Dans un théâtre, ce qui me touche c'est l'acoustique. C'est très mystérieux. Je n'oublierai jamais le premier jour de répétition au Palais des sports pour *Marie-Antoinette*, la pièce de Robert Hossein. J'étais tout en haut des marches, mon cœur s'est décroché. J'aurais pu faire demi-tour, je ne l'ai pas fait. Dans les petits théâtres, il y a une intimité qui peut faire peur. Avoir les gens très près de soi, ça peut créer un trouble. »

What / Quoi ?

Il y eut à ce moment de la conversation une certaine confusion, et dans la précipitation, je traduisis *What* par « comment », substituant par là-même l'essence du métier à sa réalisation.

« Ce que j'essaie de faire, c'est de ne pas m'imiter. Donc cela me fatigue. Je me suis aperçue que la seule chose attirante dans ce métier, c'était d'être *border line*. D'être tout près du ridicule, tout près du « trop ». Le seul danger c'est le ridicule. On sait que tout peut basculer. C'est aussi ce qui vous maintient dans un état de vigilance. C'est mon éthique, mais je ne la vends à personne. Ce qui a changé dans ma façon de travailler, c'est que je n'ai plus peur comme avant. Le trac que je ressentais était davantage sur ce que l'on allait penser de moi. Maintenant la peur est peut-être de ne pas être au maximum de ce que l'on veut donner. »

Why / Pourquoi ?

« Il n'y a pas vraiment de réponse à cette question. Pourquoi est-ce que je fais ce métier ? J'ai acquis il n'y a pas si longtemps la part d'ouverture et d'irrationnel nécessaire à ce métier. En fait, je ne suis pas certaine d'avoir envie de répondre à cette question. »

Le réveil posé sur la table disait qu'il était temps d'arrêter.
Je la laissai, gracieuse, retrouver Marthe, son personnage.

Emmanuelle POLLE

Nos théâtres partenaires vous proposent :
Vos places* au meilleur tarif, du mardi au jeudi.

Théâtre de l'Atelier : *Trois jours de pluie*
Une place achetée = une place offerte
1, Place Charles Dullin – 75018 – Tél. : 01 46 06 49 24

Théâtre La Bruyère : *Nature et dépassement*
Les places en 1ère catégorie à 20 € au lieu de 32 €
5, rue la Bruyère – 75009 – Tél. 01 48 74 76 99

Théâtre des Mathurins : ***Trait d'union*** (grande salle) et ***L'Autre*** (petite salle)
Une place achetée = une place offerte
36, rue des Mathurins – 75008 – Tél. : 01 42 65 90 00

Théâtre de l'Œuvre : *Si j'étais diplomate…*
Une place achetée = une place offerte (mercredi et jeudi)
55, rue de Clichy – 75009 – Tél. : 01 44 53 88 88

Théâtre de l'Ouest Parisien :
La Reine de beauté de Leenane (jusqu'au 11 novembre)
Les Uns chez les Autres (à partir du 7 décembre)
Places à 12,50 € au lieu de 25 €
1, Place Bernard Palissy – 92100 Boulogne Billancourt - Tél. : 01 46 03 60 44

Théâtre Tristan Bernard : *Un baiser, un vrai*
50 % sur toutes les places
64, rue du Rocher – 75008 – Tél. : 01 45 22 08 40

* offre valable jusqu'au 23 décembre 2004 dans la limite des places disponibles. **Réservation obligatoire.**

François Marthouret, Philippe Rochant

Le regard est profond, direct, sans complaisance. Je me sens ridiculement petite avec ma requête : demander à François Marthouret de lever ne serait-ce qu'un peu, le voile du mystère de l'art de l'acteur. Les mots sont choisis, pesés, il y a de l'intelligence, beaucoup de culture et de pratique chez cet homme qui sait tout jouer. Je n'attends pas de recette ou de résumé d'une quelconque méthode d'acteur, mais juste des pistes, un aiguillage dans cette nuée de secrets qu'est la construction d'un personnage.

Tout est encore possible au moment de notre rencontre. Philippe Rochant, son personnage, « écrivain confirmé et reconnu. Charme, brio, séduction » dit la didascalie, Philippe Rochant est un homme en devenir.

« Ce travail ressemble à plein d'artisanats. Plus on explore, plus on se donne de chances de mieux le comprendre, plus on se donne de liberté. L'essentiel est que ce que l'on fait soit vivant. Quand quelque chose est vivant au théâtre, il apparaît comme vrai. »

François Marthouret récuse l'idée d'une « méthode personnelle. » Trop mécanique sans doute et si peu compatible avec cet état de disponibilité, de curiosité et d'écoute dont doit faire preuve l'acteur. Mais il avoue une certaine porosité des rôles et de sa vie personnelle. « Un personnage, il vient de moi. Mais un moi qui est déjà envahi par la pièce, par l'auteur. Tout se fait sous le regard du metteur en scène. C'est lui qui permet de préciser ce que l'on raconte ensemble. » La cohérence, la recherche de l'unité, le ton juste de la partition, François Marthouret n'a pas été élevé à l'école de l'individualisme théâtral. Il insiste au contraire sur un contrat que l'acteur, le metteur en scène et l'auteur concluent avec le public. « Faire croire. Faire imaginer. Donner du plaisir. » François Marthouret ou l'hédonisme des planches.

Et puis il y a aussi tous ces rituels. Superstitions, magie, mots proscrits, il y a de l'irrationnel dans l'acteur au travail. «Dans *Timon d'Athènes*, aux Bouffes du Nord, j'ôtais avant de pénétrer sur le plateau un petit bout du mur. Selon la taille du morceau qui me restait entre les mains, je n'entrais pas en scène dans le même état d'esprit. Parfois il me fallait recommencer l'opération pour avoir la bonne quantité de mur. » Il rit de cet enfantillage…

E. P.

Charlotte Kady, CHRISTINE

Atypique. L'adjectif lui va comme un gant. D'abord parce que Charlotte Kady envisage son métier de comédienne avec un enthousiasme et une joie de vivre plutôt rares. Ensuite parce que son parcours ne ressemble à aucun autre.

Après le cours Simon et deux rôles en 1984, dans *Le Don d'Adèle,* et *Mademoiselle Plume,* respectivement mis scène par Jean-Paul Cisife et Jean-Luc Moreau, vient l'heure de la récréation. Ou plutôt de *Récré A2.* Charlotte Kady anime sur Antenne 2 l'émission culte de la jeunesse des années 1980, créée par Dorothée et, durant cinq ans, tient ainsi compagnie aux enfants à l'heure du goûter.

Au cinéma, *L.627,* le second film qu'elle tourne avec Bertrand Tavernier lui vaut en 1991 une nomination aux Césars dans la catégorie du meilleur espoir féminin. Les années passent et les tournages s'enchaînent. Grâce aux feuilletons estivaux tels *Terre Indigo* ou *L'Été rouge*, et la série télévisée à succès *La Kiné*, Charlotte Kady se fait un nom. Le public l'aime et le lui prouve en lui décernant le prix de la femme en or à Courchevel et le Peynet d'or de la meilleure comédienne de fiction de l'année 2003, lors du festival du film de Luchon. Deux trophées reçus comme « un vrai cadeau », en toute simplicité.

Charlotte Kady croit beaucoup au « bon hasard », « fonctionne au coup de cœur », et pense que « la vie fait bien les choses ». Après mille et un tournages, elle disposait justement d'un peu de temps avant de jouer pour TF1 la série *Une femme dans l'urgence*. Remonter sur les planches lui faisait envie depuis longtemps. Elle les avait d'ailleurs quittées avec Bernard Murat et la captation de *La Puce à l'oreille* de Georges Feydeau. Elle y remonte donc tout naturellement sous sa direction. La pièce de Murielle Magellan l'a « tout de suite emballée ». Charlotte Kady se réjouit de jouer le rôle de Christine, « un personnage trait d'union, mû par le désir d'aider les autres ». Les représentations n'ont pas encore commencé. Mais le plaisir est déjà là. Le trac aussi, et c'est « un euphémisme ».

Stéphane Hillel, DAVID KARRER

L'Avant-Scène théâtre parle souvent de lui, soit comme comédien, soit comme metteur en scène, et même comme directeur du Théâtre de Paris, qu'il dirige depuis janvier 2002.

Difficile de croire qu'après avoir joué et monté l'un et l'autre tant de pièces, Stéphane Hillel et Bernard Murat n'avaient jamais encore travaillé ensemble. Leur chemin se croise pourtant bel et bien aujourd'hui pour la première fois, au détour de *Traits d'union*. On ne pouvait trouver meilleur titre pour une première collaboration. Stéphane Hillel ne sait d'ailleurs pas bien quel en a été le « déclencheur ». Il ignore si l'idée trottait depuis longtemps dans la tête de Bernard Murat, si elle lui est venue en assistant à *Hypothèque* [1], ou tout simplement parce que leurs activités respectives de directeur de théâtre les amènent à se rencontrer régulièrement. Toujours est-il que Stéphane Hillel s'en réjouit ! Bernard Murat l'« épate ». Il admire sa « patience d'ange » avec les acteurs et son art de « dire exactement ce qu'il faut, quand il faut ». Mais ce qui le fascine le plus, c'est sans doute le fait que, malgré toutes ses responsabilités à la tête des Mathurins et du Théâtre Édouard VII, Bernard Murat n'ait rien perdu de « son avidité et sa passion du théâtre ».

Deux qualités que Stéphane Hillel conserve lui aussi intactes. Auréolé du Molière du meilleur metteur en scène pour *Un petit jeu sans conséquence* [2], il pense que « la destinée incroyable » de la pièce relève aussi de l'irrationnel, et compare son succès à celui des *Palmes de Monsieur Schutz* [3], qu'il avait jouées mille trois cents fois.

Les années passent, les rôles se multiplient, « les peaux des personnages s'empilent », et Stéphane Hillel trouve étonnamment de plus en plus difficile de jouer la comédie et d'arriver « vierge devant un rôle ». Avant d'entrer en scène, il s'efforce donc de se « dépouiller ». Comme Rodin qui disait ne pas sculpter mais enlever ce qu'il y a de trop.

Amélie CORDONNIER

1. *L'Avant-Scène théâtre* n° 1143.
2. *L'Avant-Scène théâtre* n° 1119.
3. *L'Avant-Scène théâtre* n° 855 puis dans la collection des Quatre-Vents.

La petite cuisine de la littérature

Il y a toujours un malin plaisir, chez les artistes et les littérateurs, à vouloir dévoiler l'envers du décor. Exhibitionnisme ? Introspection ? Reniement ? Ou indéfectible et paradoxale affection pour les coulisses de la création ? Tout à la fois, sans doute.

Ainsi les dramaturges parlent du théâtre, tel Pirandello, dans *Six personnages en quête d'auteur*. Les cinéastes filment le cinéma : c'est le chef d'œuvre de François Truffaut, *La Nuit américaine*. Les écrivains, évidemment, ne dérogent pas à la règle. Les nouveaux prophètes de l'autobiographie le savent mieux que quiconque : l'écrivain est le narrateur idéal d'une chronique de l'édition, Christine Angot en tête !

Mais les trois arts s'épient aussi, pour le bonheur de tous, dans de mémorables satires, comme celle du théâtre par Joseph Mankiewicz dans *Ève*, ou par Woody Allen dans *Coups de feu sur Broadway*, lui qui ne cesse d'ailleurs de mettre en scène le personnage de l'écrivain dans la plupart de ses films.

Murielle Magellan, dans cette veine, ausculte le monde de l'édition à la lumière des feux de la rampe. L'inaccessible sanctuaire, désiré par ceux qui n'en sont pas et faussement méprisé par ceux qui en sont, est le sujet d'un théâtre qui n'entend pas s'en laisser conter, et qui porte un regard dénué de la moindre complaisance sur cet univers singulier.

On croyait pourtant bien enviable la condition de l'écrivain. Mais son infortune, dans la pièce *Traits d'union* comme dans la vie littéraire, est générale et sans issue. Qu'il soit célèbre et célébré comme Philippe Rochant, estimé, comme Marthe Dorval ou talentueux mais inconnu, comme David Karrer, l'homme de lettres est toujours plus ou moins maudit, et ses péripéties professionnelles ne manquent jamais d'une certaine théâtralité !

L'écrivain sous le signe de la précarité

Il faut songer aux inoubliables pages de Balzac, dans les *Illusions perdues*, pour comprendre que l'écrivain est une universelle victime de l'éditeur et du milieu littéraire. Les personnages de cet épisode de la *Comédie humaine* n'ont guère changé, d'ailleurs : Rochant, le romancier installé de *Traits d'Union*, fait immanquablement penser au Nathan de Balzac, certes reconnu mais à la merci du moindre caprice d'un éditeur. Celui-ci, chez Murielle Magellan, se nomme Sommet, et vaut bien le Dauriat de 1830 au pragmatisme cynique et décourageant, qui déclarait : « Si je causais avec tous les auteurs qui veulent que je sois leur éditeur, il faudrait fermer ma boutique, car je passerais mon temps en conversations extrêmement agréables, mais beaucoup trop chères ».

Ce sont surtout les jeunes écrivains – David Karrer ou Lucien de Rubempré – qui font naturellement les frais d'une approche mercantile de la littérature. Et si les aînés s'accordent à reconnaître le talent, la solidarité littéraire se limite au compliment, quand elle ne suscite pas une irrépressible jalousie, comme dans *Les Sans-Attaches* d'Alan Rossett[1]. Car chacun travaille à sa propre survie, ravale ses enthousiasmes et ses passions par calcul, par opportunisme… et par nécessité. La réussite littéraire est donc moins une affaire de littérature que de stratégie. L'ambitieux trop pressé se fera une raison.

Les écrivains savent ces règles, les apprentis les ignorent à leurs dépens. Mais tous, en fin de compte, s'en remettent au hasard, faute de pouvoir choisir. Ils ne cessent de lancer, machinalement et à propos de tout, la boule blanche sur la roulette ! La grande loi du Marché, au fond, est un mystère pour tout le monde. Et pour les éditeurs aussi, paradoxalement.

La France n'est pas seulement, en littérature, le pays d'élection des valeurs fiduciaires, comme disait Julien Gracq[2]. Elle est aussi – comme ailleurs – le terrain conquis des valeurs financières. Mais cela a-t-il jamais empêché l'éclosion des véritables chefs d'œuvre ?

Olivier Celik

1. Alan Rossett, *Les Sans-Attaches, L'Avant-Scène théâtre* n° 1161.
2. Julien Gracq, *La Littérature à l'estomac.*

Le Théâtre des Mathurins
Un siècle de création

Pour tous les amoureux d'architecture, le Théâtre des Mathurins est un véritable hymne à la modernité. Inauguré en octobre 1898, il subit quelques transformations d'usage puis connût une véritable métamorphose signée Charles Siclis. Méconnu aujourd'hui, il était considéré comme l'architecte le plus inventif de l'entre-deux-guerres, on lui doit notamment l'essor de la Côte basque au début des années vingt.
Au sein d'un immeuble bourgeois, il conçoit un bâtiment délirant jouant sur l'opposition entre ancien et moderne.

L'activité théâtrale est marquée par le passage de fortes personnalités. Sacha Guitry y fait ses débuts d'auteur. Sa première pièce y est créée en 1902, il a 17 ans.

Façade du Théâtre des Mathurins entre 1919 et 1922.

Mais le véritable tournant s'opère avec l'arrivée de Georges et Ludmilla Pitoëff. Ils placent d'emblée le théâtre sous le signe de la création en lui donnant sa véritable vocation. Grâce à eux, on découvre les grands auteurs français et étrangers de l'époque : George Bernard Shaw, Ferdinand Bruckner, Jean Anouilh, Tchekhov, Ibsen, Pirandello et bien d'autres.
Leurs successeurs s'efforceront de suivre leur exemple. En 1942, Maria Casares est engagée pour cinq spectacles dont *Le Malentendu*, la première pièce d'Albert Camus.

© Laurencine Lot

Théâtre des Mathurins en 2004.

C'est au Théâtre des Mathurins que le public parisien a pu découvrir les œuvres théâtrales de Jean-Paul Sartre, Jean Genet, André Gide, Louis Ducreux, Roger Vaillant... On a parfois frôlé le scandale.

Dans les années cinquante, créations et reprises de qualité alternent, Pirandello, Osborne, Duras, Saint-Exupéry, Tennessee Williams, Oscar Wilde, avec une indéfectible fidélité à Camus, Sartre ou Anouilh. D'illustres comédiens comme Michel Auclair, Gérard Philipe, Tania Balachova, Daniel Gélin, Raymond Rouleau s'y sont illustrés.

Les auteurs contemporains majeurs y sont régulièrement joués : Billetdoux, Arrabal, Brecht, Malaparte, Céline, Kundera sans oublier Shakespeare, Tchekhov ou Sophocle.

Ces dernières années Le Théâtre des Mathurins fait parler de lui en créant la première pièce de Jean-Noël Fenwick, *Les Palmes de Monsieur Schutz*, qui restera à l'affiche pendant plus de 1 000 représentations.

Après de longues années de fermeture, c'est Jean-Louis Livi et Bernard Murat qui ont l'honneur et le bonheur de reprendre ce théâtre en 2002. Ils entreprennent aussitôt d'importants travaux de décoration et de rénovation. Ils restaurent ainsi un outil de création moderne et respectueux du passé.

Fidèle à l'esprit des Pitoëff et de leurs successeurs, le Théâtre des Mathurins maintient cette tradition de créations et de reprises en présentant notamment dans la grande salle depuis 2003 : *La Preuve* de David Auburn, *La Parisienne* de Henry Becque, *Les Athlètes dans leur tête* de Paul Fournel tout en faisant découvrir de jeunes auteurs de théâtre dans sa petite salle :

Murielle Magellan, Noëlle Châtelet, Daniel Cohen, Maurice Rajsfus, Florian Zeller...

L'équipe artistique de *Traits d'union*

Décor
Nicolas Sire

Musique
Marco Prince

Lumières
Laurent Castaingt

Costumes
Carine Sarfati

L'équipe du Théâtre des Mathurins

Direction : Jean-Louis Livi et Bernard Murat
Andrée Zana Murat, directrice adjointe

Administration : Marinette Lévy, assistante de direction
Taous Doghmane, comptable
Nathalie Betous, secrétaire

Conseil financier : Pierre Morel

Équipe technique : Pascal Vinet, régisseur
Adama Sharre, régisseur lumières
Myriam Lenoir, habilleuse

Service billeterie : Hélène Chiche, responsable billetterie
Clara Murciano

Service d'accueil : Danièle Kadouch,
responsable personnel d'accueil et contrôle.

Avec le concours de tout le personnel d'accueil.

Du 1er au 15 octobre 2004

L'actualité

Lebensraum (*Espace vital*) d'Israël Horovitz, adaptatée et mise en scène par la Compagnie Hercub' au Théâtre du Renard. (© Pascal Gély / Agence Bernand)

Lebensraum (Espace vital) d'Israël Horovitz

Politique-fiction

On peut classer sans conteste Israël Horovitz parmi les « hommes de bonne volonté ». Toute son œuvre se situe à hauteur d'homme et pose de grandes questions à l'humanité et à l'actualité – depuis la mise en cause de l'esprit de compétition qui nous habite (*Le Premier*) jusqu'aux raisons et déraisons du terrorisme (*Trois semaines après le paradis*). Si les moralistes peuvent être ennuyeux, lui, l'auteur moral, ne l'est jamais car il recourt volontiers au genre de la comédie. Dans *Lebensraum (Espace vital)*, il se rapproche plutôt de la fable swiftienne ou voltairienne, tant son exercice de politique-fiction est grave. Horovitz imagine que l'Allemagne, taraudée par sa culpabilité, invite la diaspora juive à venir s'installer dans ses villes et ses campagnes. Ce n'est plus Israël qui appelle son peuple à rejoindre la « Terre promise » mais le pays qui, sous le pouvoir nazi, a programmé l'extermination des descendants d'Abraham.

Incrédules, quelques Juifs tentent l'aventure. Tout se passe, d'abord, le mieux du monde. Mais, dans un « espace vital » qui devient lieu de conflit, deux démons surgissent, qui n'ont rien à voir avec le nazisme : le nationalisme allemand, qui réclame une préférence pour les travailleurs locaux, l'extrémisme juif qui ne fait plus confiance aux hommes et ne table que sur sa radicalité intolérante.

C'est une pièce faite pour secouer le spectateur, pour l'obliger à penser par lui-même. Et elle secoue habilement le public, en effet. En même temps elle le distrait et le séduit par le pari difficile auquel elle soumet les comédiens : ils doivent, à trois, interpréter les « cinquante rôles principaux » !

C'est là que la compagnie Hercub' fait merveille. Cette équipe au fonctionnement collectif – adaptation et mise en scène sont signées Hercub' – est très à l'aise dans le théâtre d'Horovitz. Cet auteur adore, d'ailleurs, leurs spectacles et écrit non pas directement pour eux, mais en pensant à eux. Utilisant un minimum d'accessoires et de costumes, ils se transforment à vue, pour être l'ouvrier qui rentre de l'usine, le chancelier de la République allemande, la jeune fille amoureuse à l'école, l'exaltée sioniste, le vieux Juif marqué à jamais par l'Holocauste… Ils changent d'âge, passent vite ou suggèrent toute une existence. Sylvie Rolland, Michel Burstin et Bruno Rochette se jouent des obstacles et dessinent les uns et les autres avec une extraordinaire sûreté du geste et du ton. Ils nous donnent une grave et belle fête théâtrale.

G. C.

>> **Théâtre du Renard**, depuis le 7 septembre (tél. : 01 42 71 46 50). Texte publié par *L'Avant Scène théâtre* n°1031/1032.

Chez Marcel par Jean-Michel Vier

Les contre-feux du music-hall

PROUST AU THÉÂTRE : rude affaire ! Serge Maggiani, mis en en scène par Charles Tordjman, a réussi une belle interprétation d'*À la recherche du temps perdu*. Jean-Michel Vier, avec *Chez Marcel, cabaret Proust*, tente une tout autre approche. Il est aussi un familier de l'écrivain : directeur du Liba Théâtre, à Cachan, et auteur de diverses pièces (comme *La Traversée de Samuel R.*[1]), il avait déjà fait un *Proust expresso* en 1996 ! L'ambition, cette fois, sous un titre qui sent malicieusement son café de quartier, est de relier Proust au monde de la chanson et de la musique de son temps, de faire se rejoindre deux aspects complémentaires d'une même époque, de replacer dans leur proximité originelle un génie et le tout-venant du début du XXe siècle.

Sur une piste de cabaret, tandis qu'à jardin, deux musiciens (Laura Caravello, Pascal Valony) jouent les notes de Reynaldo Hahn et de compositeurs oubliés, cinq acteurs, dont Vier lui-même vêtu d'un habit clownesque rouge, virevoltent ou s'immobilisent au gré d'un montage qui alterne extraits de *La Recherche* et chansons des rois du café-concert, Yvette Guilbert, Dranem, Mayol… Le contraste est grand entre l'écriture raffinée de Proust et la rude gaillardise des goualantes. Beaucoup de ces textes chantés utilisent le double sens pour défier les bonnes manières par des polissonneries gauloises. Le sommet de la paillardise lexicale est atteint avec *Le Trou de mon quai*, dont on devine aisément vers quels territoires mène son langage délicatement allusif !

Dans cet entrechoquement du subtil et du grossier se dévoilent des arrière-plans de l'œuvre de Proust : la présence du music-hall dans son univers, sa façon de s'opposer – par sa langue – à la trivialité de son temps et, aussi, sa fascination pour cet art de la chanson entaché de vulgarité qui, parfois, lui communique plaisir artistique et émotion sexuelle. Le spectacle montre bien combien l'écrivain pouvait être séduit par le deuxième degré du jeu des interprètes et le premier degré de la séduction physique des garçons.

Les acteurs, Jean-Michel Vier, Marie-Hélène Jamet, Guy Segalen et Pierre Val, chantent et parlent juste, dans la mobilité et le transformisme nécessaires. Ils sont tantôt à l'image du peuple apache des cabarets, tantôt à celle de la bourgeoisie ridicule des Verdurin. Si la progression de ces doubles morceaux choisis semble parfois d'une structure un peu floue, l'art des comédiens mène vivement cette heureuse danse chaloupée entre Proust intime et Proust à la ville sous les contre-feux du music-hall.

G. C.

>> **Théâtre Mouffetard**, du 31 août au 10 octobre (tél. 43 31 11 99).

1. Éditée à *L'Avant-Scène Théâtre*, collection des Quatre-Vents.

Nature et dépassement d'Olivier Dutaillis et Joëlle Seranne

Crise au sommet

LES STAGES, les initiatives de formation différente, les remises en forme de l'esprit et du corps sont un des phénomènes de notre société. Faut-il applaudir, en rire, en pleurer ?

Olivier Dutaillis, qui s'est affirmé comme un auteur original avec sa pièce *Les Grandes Personnes* il y a quelques années, et Joëlle Seranne portent le sujet à la scène sans dévoiler tout à fait leur point de vue. Mais il est évident qu'ils s'amusent de ces tentatives de dénouement des individus en crise, tout en comprenant la situation de l'intérieur. Faire du théâtre, n'est-ce pas une forme de travail en groupe où, comme dans le stage, il y a une évolution de chacun à l'intérieur d'une avancée collective dirigée ? Dutaillis et Seranne, gens de théâtre, n'ont pas pu ne pas puiser dans leur pratique principale des ressemblances avec les questions mises en jeu dans leur comédie.

Le groupe est restreint dans *Nature et dépassement*. Une seule stagiaire arrive ! Rien ne se passe comme prévu dans le chalet perdu au loin dans la montagne. La directrice de stage, aidée d'un ami musicien (qui, malgré ses rodomontades, n'a guère de concerts à assurer et donne mollement quelques coups de main), fait face : il lui faut remodeler cette jeune femme qui n'a pas atteint la sérénité malgré d'autres expériences de thérapie à plusieurs. Mais le trio craque, les rôles s'inversent. Et l'on se demande qui manipule qui, qui domine qui, qui séduit qui…

La mise en scène de Stephan Meldegg, très fluide, emporte dans un même mouvement les différentes étapes du triple combat, écrit avec le sens des émotions directes et un humour discret. Jean-Luc Porraz incarne le musicien dans une belle reptation riche en lâchetés et en drôleries. Attica Guedj est une chef de stage au jeu clair, révélant combien l'énergie et la confiance se lézardent en sentiments contradictoires. Joëlle Seranne est particulièrement attachante en victime douée de ressorts imprévus : elle pourrait jouer les grands rôles de jeune femme au cœur pur qu'ont écrit Musset, Anouilh ou Audiberti.

G. C.

>> **Théâtre La Bruyère**, depuis le 28 août (tél. : 01 48 74 76 99). Pièce éditée à *L'Avant-Scène théâtre*.

Pièce

Junun de Jalila BACCAR

Nun est analphabète. Il vit dans une triste famille. La mère, veuve avec onze enfants n'a plus ni âge, ni amour à donner. Kha, le frère aîné trafique de la drogue et prostitue ses sœurs. Sa, l'aînée, ne supporte plus personne, et surtout pas Nun. Waw la cadette est son seul soutien, car la benjamine, Kaf est arriérée mentale. Heureusement il y a Jym, son ami d'enfance, amoureux de Waw. C'est alors qu'intervient une thérapeute, Elle, et on comprend qu'elle va avoir un sacré boulot !

>> **Éditions théâtrales**, et les francophonies en Limousin, *Passages francophones*, 15, 50 **€**.

Essai

CHALAYE Sylvie : *Le Syndrome Frankenstein*, essai sur les auteurs dramatiques d'Afrique noire et les dramaturgies contemporaines. L'auteur, spécialiste des théâtres d'Afrique noire francophones, professeur à l'université Renne 2, présente une nouvelle génération d'auteurs : Kossi Efoui, Idris Youssouf Elmi, Valérie Goma, Koffi Kwahulé, Koulsy Lamko, Caya Makhélé, José Pliya, etc. Déconcertants, mais d'une richesse extraordinaire, ils réinventent notre langue, la leur, jouent sur les rythmes, jonglent avec les idées. Ils explorent nos peurs, nos manies, nos tabous. Ils revendiquent leur indépendance et leur filiation. Ils questionnent l'humanité et la littérature.

D. D.

ERRATUM

Le **PAST** de L'Avant-Scène théâtre inséré dans les numéros **1164-1165-1166-1167-1168-1169 et 1170** présente une erreur.

Deux pièces ont été malencontreusement inversées.
En fait, ***Un baiser, un vrai*** se joue au **Théâtre de l'Œuvre**
et ***Si j'étais diplomate...*** se joue au **Théâtre Tristan Bernard**.
Les adresses et réductions restent correctes pour chaque théâtre.

Nous vous prions de bien vouloir nous excuser pour cette erreur.

VENTE AU NUMÉRO

Les Tarifs

Du n° 901 au n° 1158	10 €
À partir du n° 1159	11 €

À noter : Pour les étudiants, une remise de 10 % est accordée sur les tarifs ci-dessus, hors frais de port et catalogue (merci de joindre une copie de votre carte d'étudiant).

Frais d'expédition

France et Union Européenne : + 1,60 € pour un numéro (+ 0,90 € par numéro supplémentaire)

Dom-Tom et étranger : + 2,90 € pour un numéro (+ 1,50 € par n° supplémentaire)

À noter :

Si vous souhaitez une expédition en recommandé, merci de rajouter 3,70 € aux frais d'expédition ci-dessus.

Pour une commande supérieure à 20 numéros, nous consulter : par téléphone au 01 46 34 28 20 ou par fax au 01 43 54 50 14.

Les dernières parutions de L'avant-scène théâtre

1145 - 1er octobre 2003-10 €
La Belle Mémoire (Martine Feldmann et Pierre-Olivier Scotto)

1146 - 15 octobre 2003-10 €
Homebody/Kabul (Tony Kushner ; Texte français : Pierre Laville)

Hors série - 15 octobre 2003-10 €
La Belle Éveillée (Jean-Louis Bauer)

1147 - 1er novembre 2003-10 €
Solness le constructeur (Henrik Ibsen ; Texte français de Hélène Hervieu et Sandrine Anglade)

1148 - 15 novembre 2003-10 €
Les Amazones (Jean-Marie Chevret)

1149 - 1er décembre 2003-10 €
L'Invité (David Pharao)

1150 - 15 décembre 2003-10 €
L'Inscription (Gérald Sibleyras)

1151 - 1er janvier 2004-10 €
L'Homme, la Bête et la Vertu (Luigi Pirandello ; Ad. : T. Cecchinato et J. Collette)

1152 - 15 janvier 2004-10 €
Le Roi Victor (Louis Calaferte)

1153 - 1er février 2004 - 10 €
La Quatrième Sœur (Janusz Glowacki. Ad. Kinga et Klara Wyrzykowska)

1154 - 15 février 2004 -10 €
Lunes de miel (Noël Coward - Ad. E. E. Schmitt)

1155 - 1er mars 2004 - 10 €
Agnès Belladone suivi de *Lettres croisées* (Jean-Paul Alègre)

1156 - 15 mars 2004 - 10 €
Souvenirs fantômes (Arnold Wesker - Trad. Jean-Michel Déprats)

1157 - 1er avril 2004 - 10 €
Sortie de scène (Nicolas Bedos)

1158 - 15 avril 2004 - 10 €
Les Bonniches (Daniel Besse)

1159 - 1er mai 2004 - 11 €
Le Grand Théâtre du monde suivi de *Procès en séparation de l'Âme et du Corps* (Pedro Calderón de la Barca)

1160 - 15 mai 2004 - 11 €
Oncle Paul (Austin Pendleton. Trad. Jean-Marie Besset)

1161 - 1er juin 2004 - 11 €
Les Sans-Attaches (Alan Rossett)

1162 - 15 juin 2004 - 11 €
Le Prince Travesti (Marivaux)

1163 - 1er juillet 2004 - 11 €
Romance en fa (S. Artur et S. Audcoeur)

1164 - 15 juillet 2004 - 11 €
Nature et dépassement (Olivier Dutaillis et Joëlle Seranne)

1165 - 1er août 2004 - 11 €
Si j'étais diplomate... (Allen Lewis Rickman et Karl Tiedemann)

1166 - 15 août 2004 - 11 €
Un baiser, un vrai (Chris Chibnall)

1167 - 1er septembre 2004 - 11 €
Trois jours de pluie (Richard Greenberg)

1168 - 15 septembre 2004 - 11 €
L'Autre (Florian Zeller)

BON DE COMMANDE

NOM ou SOCIÉTÉ : ....PRÉNOM : ....
ADRESSE : ....
CODE POSTAL : .... VILLE ....

JE COMMANDE

TITRE	AUTEUR	N°	Prix (Unité)	Qté	TOTAL

TOTAL : ....

Frais d'expédition (voir page de gauche) : ....

☐ Je souhaite recevoir le catalogue de L'Avant-Scène théâtre (environ 1 000 titres), au prix de 5 € pour la France métropolitaine, 6 € pour les Dom-Tom et l'étranger (frais de port inclus) : ....

Chèque total de : ....

☐ Je règle par chèque bancaire ou postal (CCP 735300 V Paris) à l'ordre de L'Avant-Scène théâtre.

À retourner accompagné du règlement à l'ordre de l'Avant-Scène théâtre :

L'Avant-Scène théâtre - 6, rue Gît-le-Cœur - 75006 Paris

Notre prochain numéro (1170) du 15 octobre 2004

Quand l'amour s'emmêle...

d'Anne-Marie Étienne

BULLETIN D'ABONNEMENT

L'avant-scène théâtre

Recevez chez vous *L'Avant-Scène théatre*
et bénéficiez de nos tarifs exceptionnels de souscription

Oui, je souhaite m'abonner à *L'Avant-Scène théâtre* :

Tarifs France métropolitaine (TVA 2,10 % incluse) :

☐ Un an (24 numéros) : **168 € T.T.C.** au lieu de 264 €*.
Je bénéficie ainsi d'une remise de plus de 35 % et j'économise 96 €.

☐ Six mois (12 numéros) : **89 € T.T.C.** au lieu de 132 €*.
Ma remise est de plus de 30 % et mon économie de 43 €.

☐ Je préfère choisir l'abonnement *Découverte* de trois mois (6 n^{os}) : **48 € T.T.C.**
au lieu de 66 €*. Ma remise reste avantageuse : plus de 25 %.

Tarifs Étudiant France métropolitaine (TVA 2,10 % incluse) :

☐ Un an (24 numéros) :	135 €
☐ Six mois (12 numéros) :	72 €
☐ Trois mois (6 numéros) :	40 €

(Merci de joindre une copie de votre carte d'étudiant)

Tarifs Dom-Tom et pays étrangers (frais de port inclus) :

☐ Un an (24 numéros) :	198 €
☐ Six mois (12 numéros) :	105 €

* Prix de vente au numéro

À noter : tarifs valables en 2004 et 2005

Nom : .... Prénom : ....

Adresse : ....

Code postal : .... Ville : .... Pays : ....

e-mail (pour un meilleur suivi de votre commande) ....

☐ Je règle par chèque bancaire ou postal (CCP 735300 V Paris) à l'ordre de *L'Avant-Scène théâtre*.

☐ Merci de m'adresser une facture acquittée.

Bulletin à renvoyer accompagné de votre règlement à : L'Avant-Scène théâtre
6 rue Gît-le-Cœur -75006 Paris - France - Tél. : 01 46 34 28 20 - Fax 01 43 54 50 14